PETIT GUIDE DE LA CORRUPTION POLITIQUE

BRICE DE TOURS

PETIT GUIDE DE LA CORRUPTION POLITIQUE

ÉDITIONS DU SEUIL
*27, rue Jacob, Paris VIe*

ISBN 978-2-02-098624-3

www.editionsduseuil.fr

Bulletin d'adhésion gratuite
à
l'Association pour le Respect
de la Tranquillité des Grands Chevaux
(à découper et à renvoyer aux haras nationaux)

Je, soussigné(e)....................., né(e) le .../.../..., habitant à....................., signifie, en remplissant ce bulletin, ma volonté d'adhérer à l'ARTGC.

Par ce geste, je m'engage à ne pas monter véhémentement sur mes grands chevaux une fois que j'aurai terminé ma lecture parce que j'ai bien compris que « Petit guide de la corruption politique » n'a certainement pas pour objectif de laisser accroire que toute la classe politique n'a que l'appât du gain pour motivation.

Je sais que ce livre ne vise que les quelques individus qui exploitent les failles de la démocratie et utilisent la probité de leurs congénères pour cacher leurs petites combines. Car si l'arbre cache parfois la forêt, il sait surtout, le plus souvent, y trouver un parfait refuge.

Le .../.../...   à...

Signature

Communication céleste

Dans un bureau, un homme qui attend. Ah ! qu'il était doux le temps où il suffisait d'embrocher quelques Prussiens pour attirer l'attention de l'empereur ! Qu'il sût manier le sabre, et le vilain provincial sans famille ni argent avait toutes ses chances, à force d'obstination, d'être fait maréchal ou ministre.

Aujourd'hui, le Prussien s'est fait européen et il n'est plus de bon ton d'en transpercer la carcasse, même lorsqu'il vient la chauffer au soleil varois.

Plus de Prussiens, mais plus d'Anglais non plus. Ni d'Italiens, ni même d'Annamites ou d'Algériens : la France ne veut plus faire la guerre. Mais s'est-elle préoccupée, cette égoïste, de tous ceux qui n'aspirent qu'à être propulsés dans les plus hautes sphères ? C'est noble, charitable, ambitieux de proclamer *urbi et orbi* « la France, pays des droits de l'homme ». Mais les droits de l'opportuniste, où sont-ils ? Qui pour les défendre ? Qui pour se soucier de celui qui ne vit que pour devenir ministre ?

Tout le monde, certes, ne peut y prétendre. À chaque

formation de gouvernement le vivier national ne compte tout au plus qu'une trentaine de candidats. Si, autrefois, il fallait être bien né, savoir compter, tuer, et peut-être réfléchir, aujourd'hui, il faut surtout, enfant, avoir beaucoup bu de lait. Pour que les dents rayent le parquet à en faire des tranchées.

L'arrivisme est la qualité première. La plupart des candidats l'ont dans le sang. Bébés, ils souriaient à s'en torturer pour avoir du rab de biberon. Adolescents, ils découpaient les manuels de leurs voisins de classe pour les empêcher de répondre à l'interro. Adultes, ils choisissent d'être de droite ou de gauche après avoir mûrement pesé les probabilités de chacun des camps de prendre le pouvoir le plus vite et pour le plus longtemps.

Celui qui n'a pas hérité du gène de l'arrivisme, toutefois, a encore sa chance. Elle s'appelle l'ENA. La clé de tant de portes en France que les serruriers auraient fini par réclamer d'en suivre les cours en candidats libres. Mais il ne faut pas s'emballer ! L'ENA est aussi à la République ce que le château de la Belle au Bois dormant est à Disneyland. La pièce maîtresse du royaume de l'illusion. L'enfant né en province, d'une famille d'ouvriers ou de cadres, qui a sué pour intégrer Sciences Po Bordeaux et qui rêve d'occuper un jour le bureau de Vergennes devrait plutôt se recycler dans le nettoyage des vitres : il aura beaucoup plus de chances de voir, mais de l'autre côté de la fenêtre, à quoi ressemble la pièce ! L'ENA, en effet, a sa guillotine à elle. Doué d'une belle abnégation, le candidat lambda pourra toujours passer l'écrit. Mais une brochette de hauts fonctionnaires se chargeront au grand oral de lui faire comprendre que leur monde n'est pas le sien. «Vous êtes ministre de l'Intérieur, lui poseront-ils comme colle, l'île de la Cité est en flammes, mais tous les pompiers sont morts d'une épidémie de grippe aviaire : que faites-vous ?» Il faut être parisien, né dans les frontières de Philippe Auguste, pour savoir que ce genre de question n'appelle qu'une réponse : «Je laisse mon cabinet s'en charger et je termine mon dîner ! »

Arriviste ou énarque : telle est donc en France la seule alternative pour le candidat à un fauteuil de ministre. Le « must », il faut bien le dire, est d'être les deux. L'enfant impossible du mariage d'Attila et de la Gorgone, le massacreur successif des petits copains de classe, camarades de lycée, rivaux de faculté, parents envahissants, voisins bruyants… Tant de gêneurs, qui ont eu le tort, volontaire ou non, de traîner sur la voie triomphale de l'arriviste. Rien ne réussira à le freiner.

Rien ? Pas tout à fait. Il reste une épreuve. Celle du téléphone. Le candidat ministre est là, dans son bureau de fonction, face à ce machin de plastique. Duel aux ors de la République. Avec une contrainte de taille : l'autre doit forcément dégainer le premier. Pas question d'appeler soi-même : le candidat se ridiculiserait pour le restant de ses jours. Afin d'éviter les mauvaises surprises, il a donc prévenu son entourage : personne ne doit tenter de le joindre à ce numéro. Jamais homme n'a autant aspiré à la solitude. Plus de femme qui tienne. Plus d'enfants qui tiennent. Plus de copains qui tiennent. De toute manière, le postulant les aime tous moins que lui. Il est donc dans la meilleure compagnie qu'il puisse espérer.

La ligne doit être libre car Dieu en personne, *alias* le Premier ministre, doit appeler. Les croyants n'y connaissent rien, eux qui s'épuisent dans des rites ancestraux pour obtenir « la » communication. Le candidat, lui, n'a qu'à attendre que le téléphone vrombisse. Nul espoir pour les collaborateurs d'interférer. Un silence des plus religieux doit régner. Pendant des jours s'il le faut. Dès l'annonce de la formation d'un gouvernement, le candidat s'installe chaque matin à sa table et attend, les mains posées au plus près du combiné pour ne pas laisser trop sonner en cas d'appel. Manquerait plus que Dieu tombe sur le répondeur !

Ça y est, la machine a le frisson. Agrippement, flexion du coude, glotte serrée. Le candidat ministre est prêt pour le grand voyage. Fausse alerte… Une seconde plus tard, la secrétaire se voit rappeler qu'au prochain coup de fil indûment passé, elle pourra tirer un trait sur sa place en crèche.

Encore une heure et demie à interroger la télé. La nomination du gouvernement serait pour demain. L'homme politique zappe de chaîne d'information en chaîne d'information en espérant que la concurrence poussera l'une à annoncer la nouvelle avant les autres. Et lui qui n'a toujours pas été appelé... D'un coup de portable, il s'enquiert auprès du secrétariat du parti pour savoir si le Premier ministre a terminé ses consultations. Oui. Il n'aurait qu'un ou deux noms à vérifier.

Ce ne sera pas pour ce coup-ci. Encore une campagne électorale pour rien. Des milliers de mains serrées, mais avec rien dedans. Député-maire ! Comme si cela pouvait combler un homme ! À l'heure de la mondialisation, être en charge d'un département, c'est conduire une 2CV aux 24 Heures du Mans. C'est servir du Carré Findus au Divellec. C'est faire la queue quand on a tous les passe-droits. C'est nul. À mourir. Pourtant, le Premier ministre avait promis que ce serait la bonne.

Selon Wikipédia, le délai moyen entre deux remaniements est de un an et demi. Encore un an et demi d'inaugurations de sens giratoires, de banquets républicains et de discours abrutissants ! Dieu est bien bon, mais le candidat n'en peut plus de l'attendre. Conseiller général, conseiller régional, député, député européen, il a toute la collection. Même conseiller d'arrondissement, il l'a fait. Et la reconnaissance de la République dans tout ça ?

Le candidat se surprend à imaginer son retrait de la politique. Mais il n'a pas le temps de réaliser combien cette pensée est chez lui absurde que l'appareil se remet à sonner. La voix est reconnaissable entre toutes : le Premier ministre. Qui annonce avoir pensé à lui. Alléluia ! Qu'importe le secteur, il n'est pas question de refuser. Autant demander à la Sainte Vierge de repasser parce qu'elle a eu la cuistrerie d'apparaître devant un match de foot à la télé. En plus, c'est un ministère, pas un médiocre secrétariat d'État.

Ce genre d'occasions ne se mégote pas. Seul un cacique de la politique, un ancien ministre, un maire de grande ville, un chef de parti, un industriel puissant, pourrait discuter son bout de gras. Les autres, ils disent « Oui, j'accepte », et ils remercient. « Oui, j'accepte. Je te remercie. – Passe à Matignon, réplique le Premier ministre, je te donnerai ta feuille de route. »

Parfois, Dieu est beaucoup plus sournois. Alors qu'il n'a laissé entrevoir aucun espoir, qu'il s'est même ingénié le plus souvent à écarter la moindre hypothèse qui aurait pu mettre sur la voie, il aime à sélectionner un homme politique auquel personne ne s'attend et à l'appeler sur le vif. Tel député, qui ne se souciait vraiment pas du chamboulement ministériel, a ainsi pu se voir proposer une place au gouvernement alors qu'il était en train d'ausculter l'un de ses malades. Cette situation-là est bien plus redoutable que celle de l'arriviste rivé à son bureau, entouré de ses dossiers qui l'aideront à étayer son choix final. En quelques secondes, l'homme politique saisi au vol doit, lui, soupeser chacun des considérants : l'avis supposé de son épouse, celui de l'éventuelle maîtresse, l'impact sur son activité professionnelle et, pour ceux qui aspirent à la corruption, les perspectives ouvertes par la proposition. Et pas question de demander un quelconque délai ! De toute façon, tout apprenti *Venalis politicus* qui veut faire carrière doit être prêt en permanence à prendre ce genre de décisions. Un grand joueur ne laisse pas passer deux fois son numéro à la roulette.

Premier repérage

Ça y est. Le candidat si dévoué à ses concitoyens va enfin pouvoir se mettre au service du pays : le prêtre a trouvé une paroisse…

Amis des contes de fées, voilà pour vous. Car si le nouveau ministre peut faire croire, grâce à la complaisance de certains médias, qu'il vient de consentir un grand sacrifice – celui de sa vie privée, de ses loisirs… –, sa tâche n'a vraiment rien d'un sacerdoce.

Ministre. Le cœur de Paris. Un hôtel particulier. Des salles de réception. Des maîtres d'hôtel. Des chauffeurs. Des gardes du corps. Des restaurants gratuits. Des voyages gratuits… Et puis, et puis, pour les plus avides d'entre eux, la caverne d'Ali Baba. Celle dont nul homme politique ne parlera jamais à des non-initiés. Dont tous se défendront d'avoir jamais eu la tentation de l'ouvrir. « Moi, profiter de ma fonction ? Vous m'insultez ! Vous insultez l'honneur de ma famille ! Vous n'êtes qu'un poujadiste, qu'un démagogue ! Mais au fait… vous n'en auriez pas la clé par hasard ? » Parce que le système a tout de même une petite justice :

comme Ali Baba, l'apprenti *Venalis politicus* doit auparavant découvrir le sésame de l'antre au trésor. Et un minimum de travail est pour cela nécessaire.

D'abord, vérifier les fondations de la maison dont on vient d'hériter. Soyons clair : le ministre ne va pas se coiffer d'un casque de mineur pour partir inspecter les bas-fonds de son ministère. Le plus bas où il acceptera jamais d'aller sera le séant de sa chaise dans le salon d'honneur. Non, sonder les fondations ne nécessite en fait qu'un coup de sonnette pour faire venir à soi le répertoire des administrations. Et pour les plus habiles, c'est même immédiat avec Internet !

Certes, le document ne paie pas de mine. Mais qui sait le déchiffrer prend une sérieuse option sur la caverne.

Avec le répertoire, le ministre connaît spontanément les directions qui lui sont rattachées. D'où sa fébrilité à le manipuler la première fois. Combien d'élus en effet ont eu l'exécrable surprise de découvrir qu'ils n'avaient aucune autorité directe sur quelque direction que ce soit ou qu'une direction ne leur était rattachée que pour une période déterminée (« en tant que de besoin », dit l'affreux jargon) ! Qu'ils étaient contraints de partager leur pouvoir avec un autre ministre ! Autant dire que, à peine assis sous les lambris, ils ont réalisé avoir été amputés des deux bras. Un rêve qui s'évanouit, une frustration immense, semblable à celle de l'enfant auquel est retiré le jouet à peine offert. Car il est un dicton dans la corruption : « À direction partagée, magot dilapidé. » Les fonds devront être partagés et les clefs de répartition donneront lieu à de bien délicats marchandages.

Quand le frais ministre a fait le tour de ses directions, il sait où, quand et comment il pourra agir. Reste à savoir avec qui. Le général a des troupes, il lui faut des hommes à leur tête. Qui dirige quoi ? Le ministre doit savoir qui il aura au bout du fil quand il voudra traiter une affaire importante, généralement urgente et secrète. C'est l'heure de se faire inspecteur de police.

Tout le pedigree des hauts fonctionnaires y passe. En premier lieu, le nom, bien sûr, au cas, pas si inimaginable dans une République de copinages, où le sort aurait voulu que des liens existent déjà avec les intéressés. Rien de tel que des copains – quand il en reste – aux postes stratégiques du ministère !

Même si la chance fait sa mijaurée, le *Venalis politicus* en herbe doit impérativement passer le cap du nom. Des sourds-muets seraient les mieux indiqués pour mener à bien le genre d'affaires qui se préparent. Les subordonnés devront tout comprendre, le plus rapidement et avec le moins de mots possible.

Même sans mots du tout. Un dialogue de moines. Or tout le monde n'est pas fait pour ça. Il n'en est que trop, des fonctionnaires scrupuleux qui exigent des instructions écrites pour obéir, surtout dès qu'il est question d'argent. Les *Venales politici* ont une telle facilité à tout oublier...

Le ministre consciencieux cherche donc à tout savoir. Âge, cursus, adresse, famille, pourquoi pas hobbies, cela peut toujours servir. Le tout recueilli avec doigté et discrétion, bien sûr. Un ministre qui a certaines ambitions ne peut faire passer un interrogatoire de police à tout son ministère – même les journalistes s'en rendraient compte. Tous les moyens sont utilisés pour parvenir à ses fins. Heureusement, Paris est petit et la République consanguine. Les membres des cabinets ministériels, des administrations centrales, des conseils d'administration se recrutent en très grande majorité dans le même cheptel. Conseiller de ministre un jour, directeur d'établissement public ou de société du CAC 40 un autre. Certains appellent ça la servitude des fonctionnaires, les initiés y voient plutôt de petits, mais sains, arrangements entre amis. Le ministre interroge toutes ses relations, privées et publiques, pour récolter les renseignements voulus. Attention au traquenard que constitue l'étiquette politique ! Bien hâtivement attribuée, elle peut faire naître de fausses espérances, car, même si elle est authentique, il en va des fonctionnaires comme de leur ministre :

ils tiennent avant tout à leur carrière, ce qui les rend indifférents à la couleur gouvernementale. L'encartement, c'est bon pour les supporters naïfs, les braillards des meetings et les colleurs d'affiches. Jamais un haut fonctionnaire, qui aspire à ne surtout jamais retrouver l'ennui de son corps d'origine, ne commettra la bévue de se proclamer trop ouvertement de gauche ou de droite. L'alibi du service de l'État est si confortable à cet égard…

Il reste certes une arme au *Venalis politicus* doutant de la loyauté de ses ouailles : il peut les changer. Mais c'est un travail très fin, car il suppose d'aller piocher ses recrues dans d'autres ministères ou carrément hors du cénacle ministériel. Ce genre d'opérations nécessite des appuis, des autorisations, le bon vouloir des structures pillées, voire l'aval du Premier ministre ou du président de la République. Sans un extrême doigté, le chambardement administratif revient à planter devant le bureau du ministre une pancarte « Attention, ici combines en vue ». À éviter, donc.

Quoi qu'il en soit, au final, jamais, dans toute une vie d'égoïsme, le ministre n'aura eu autant à se soucier de son prochain. Rien ne doit lui échapper et tout le temps nécessaire y est dévolu. Une semaine, un mois, trois si des changements de direction ont été décidés avant son arrivée. Mais, au terme de cette période de recherches et d'analyse, le *Venalis politicus* doit savoir avec certitude à qui il peut se fier et ne pas agir sur des sables mouvants dans lesquels sa carrière risquerait de disparaître.

L'équipe

Être ministre, c'est aussi être à l'école de l'humilité. Non, il ne peut pas tout faire tout seul. Et, à vrai dire, il n'en a pas l'intention. Mais alors pas du tout ! Surtout pas les choses sales. D'où le cabinet.

Oui, l'école de l'humilité, mais aussi de la couardise et de l'hypocrisie. Le *Venalis politicus* est un astre qui ne daigne pas souvent redescendre parmi ceux qui furent naguère ses semblables. En guise de lien avec son administration et cette masse imprévisible que l'on appelle le « peuple français », il recrute des collaborateurs tel Barbe Noire autrefois son équipage de pirates. Naît ainsi une belle compagnie de mercenaires de la vie politique ou administrative, tous prêts à se dévouer corps et âme pour leur capitaine. Et pour le trésor évidemment. Car la reconnaissance a ses limites. Passé les premiers jours d'orgueil d'avoir été appelé à servir un ministre de la France de Louis XIV, Napoléon, de Gaulle, Pompidou, Giscard, Mitterrand, Chirac et Sarkozy, l'heureux élu veut aussi sa part du gâteau : qui la promesse d'un poste en or à la dissolution du gouvernement, qui des avantages que le jansénisme ambiant défend de qualifier de « matériels » : appartement et voiture de fonction, indemnités diverses... Un bon ministre se repère à son sens de la justice dans la distribution des hochets.

Former un cabinet requiert une telle intelligence que, la plupart du temps, les novices en politique se le voient imposé par le président de la République ou le Premier ministre. Adieu, alors, les rêves de jouissance... De toute façon, ces rêves-là ne sont pas pour les jouvenceaux. Le ministre ambitieux, celui qui a cru deviner que, si l'hôtel où il est logé est tout en dorures, ce n'est pas pour inciter ses occupants à la pauvreté, ce ministre-là sait composer son équipe, même si c'est une première pour lui. Il est né avec le chromosome Z du génome ministériel.

L'essentiel du cabinet est constitué de techniciens des secteurs concernés par le ministère. À eux les tâches ingrates de la réflexion, de l'analyse, de la concertation, de la proposition, avec l'objectif, fondamental, que le ministre paraisse le plus savant possible au Parlement, devant l'opinion publique et, surtout, aux yeux des médias !

La constitution du cabinet est certainement l'une des tâches premières et principales du ministre dans tout l'exercice de sa fonction. Il en est des ministères comme de la poterie : tout se décide aux premiers tours.

Donnez-lui un bon cabinet, équilibré, complet, efficace, et le *Venalis politicus* sera tranquille pour le restant de ses jours gouvernementaux. C'est l'assurance du moins de crises possibles, et donc d'une plus grande disponibilité pour les affaires qui comptent parmi ses priorités.

Un mauvais cabinet, incompétent, fragile, aventureux, fiévreux, et c'est un billet pour la critique permanente, parfois même la démission. L'enfer, en quelque sorte.

Un directeur de cabinet, un chef de cabinet, des conseillers pour tous les secteurs visés : le cabinet est-il pour autant au complet ? Au contraire, il serait même vide. Un seul être manque au *Venalis politicus* et tout paraît dépeuplé.

Si le Français moyen a une ombre, le ministre en a deux. Pas de justice à ce niveau-là non plus. Tout membre de gouvernement qui entend bien profiter de sa position est suivi comme son ombre – et parfois précédé, pour les missions les plus délicates – par « the » collaborateur. Du top niveau, AOC, label rouge, cinq étoiles. Un général de la collaboration. Grand-croix de la Légion de confiance. Commandeur de l'ordre de la Fidélité eu égard aux longues années passées au service de l'homme politique. Un homme – et même une femme pour les non-misogynes – capable de se faire enterrer à la place de son maître. Tout au moins à ses côtés, comme autrefois les serviteurs des pharaons.

« The » collaborateur évolue hors hiérarchie. Il est l'électron libre qui assure à l'atome ministériel sa stabilité. C'est pourquoi, très souvent, il n'appartient pas à la fonction publique. Il serait sinon trop facilement repérable. Donc influençable. Donc dangereux ou trop peureux pour les missions délicates que le ministre pourrait lui confier. Pour autant, il devra savoir se montrer, en apparence uniquement, plus fonctionnaire que les fonctionnaires eux-mêmes. Oui, les caméléons ont des prédispositions pour la corruption. Il est capital en effet que « the » collaborateur se moule instantanément dans l'univers ministériel afin d'être accepté par les autres membres du cabinet comme l'un des leurs. Une technique de base consiste à faire comprendre à ces derniers que leurs prérogatives seront rigoureusement respectées, que jamais leur relation avec le ministre ne connaîtra d'interférences. Ainsi assurés de ne pas être inutiles ou court-circuités, les collaborateurs du ministre se feront à cette présence incongrue et, la nature humaine détestant le vide, ils essaieront même souvent d'exploiter ses liens privilégiés avec le patron pour se pousser du col. Et les réunions de cabinet n'auront plus rien à envier à l'harmonie bucolique des grandes familles reconstituées.

Le mystère autour de ses fonctions réelles est un autre facteur facilitant l'intégration du conseiller en chef. Les fonctionnaires, habitués à la hiérarchie et aux règles, auront bien vite l'impression, à ses côtés, de pouvoir bénéficier d'un regard sur le monde intrigant, et si tentant, de ce-qui-n'est-jamais-dit. On croit Paris reposant sur les crânes des catacombes. Faux. Sous la capitale vivent des squelettes bien en chair, ceux de l'autre société française, la plus prospère, la moins accablée, celle des passe-droits, des combines, des petits services. «The» collaborateur y est le délégué du *Venalis politicus* et la majorité du cabinet, très inquiète de mener une carrière irréprochable afin de pouvoir jouir un jour de la meilleure retraite possible, aimera s'offrir grâce à lui un petit acoquinement avec le vice.

Le ministre entretient le mythe en réservant à son plus fidèle collaborateur ses secrets intimes : le cépage qu'il préfère pour les dîners d'affaires, la chasse aux places du spectacle complet que ses enfants lui réclament, l'achat d'une boîte de macarons Ladurée pour l'amante. Il pourra même en faire son confident attitré pour les questions sentimentales. Mais par-dessus tout, ce sont les opérations juteuses, celles qui doivent être menées sans alerter la curiosité, qui échoient au conseiller spécial. Car, autant le dire, face à la corruption, les membres d'un cabinet sont trop imprévisibles. Certains ferment les yeux, d'autres jouent les vierges effarouchées, et, pire que tout, les opportunistes veulent leur part. Dans l'incertitude, autant choisir la solution la plus sûre, le secret, l'apanage de l'homme de confiance, son ministère à lui. À terme, le cabinet finira bien par deviner une part du manège – ses membres, en général, ont tout de même fait beaucoup d'études –, mais, à la condition que « the » collaborateur ait bien réussi à s'intégrer, les conséquences seront minimes, pour ne pas dire nulles.

La politique n'ayant vraiment rien d'un conte merveilleux, cette relation de confiance entre le *Venalis politicus* et « the » collaborateur, ce lien quasi charnel à-la-vie-à-la-mort-tu-me-jures-de-t'occuper-de-ma-famille-si-j'y-passe-avant, cette fraternité d'armes et de cœur donc, a un sacré revers. Elle rend le ministre outrageusement dépendant de son conseiller, qu'il ne peut plus, dès lors, traiter comme le premier énarque venu. Mieux vaut s'efforcer avec lui de rationner les lancers de dossiers à la gueule ou les insultes méprisantes.

« The » collaborateur est l'intouchable du cabinet. Car, avec toutes les petites histoires d'argent, de coucheries, d'irrégularités, de pots-de-vin qu'il collecte dans le sillage du ministre, il peut confectionner une formidable bombinette qui pétera à la moindre vexation. Chaque ministre garde précieusement en mémoire, à côté des vers des Lagarde et Michard appris au collège, les histoires d'hommes de l'ombre entrés, pour quelque raison que ce fût, dans la lumière des médias ou de la justice. Avec un effet dévastateur à la clé. Plus qu'un retour de bâton : un blast nucléaire. Le collaborateur froissé, qui a souvent pris la peine d'annoncer des années auparavant qu'il « lâcherait tout » au cas où il serait lui-même lâché, n'hésitera pas une seconde à mettre sa menace à exécution. Comme en piqûres de rappel, l'actualité en fournit régulièrement de nouveaux exemples, parfois dans d'autres secteurs d'activité, tel celui de ce chauffeur passé à table parce qu'il jugeait avoir été injustement traité par le responsable patronal qu'il conduisait à ses rendez-vous singuliers. Gare au *Venalis politicus* souffrant d'amnésie !

Signalons enfin pour la bonne bouche un cas de dédoublement qui n'a vraiment rien de rare, surtout aux plus hauts sommets de l'État. Non, il ne s'agit pas de ces spécimens de président de la République qui se prennent pour des Premiers ministres. Mais plutôt de ces directeurs ou chefs de cabinet qui peuvent aussi servir d'hommes de confiance au *Venalis politicus*. Quoi, ceux-là braveraient impunément la règle édictée ci-dessus du cloisonnement sévère d'avec la fonction publique ? En général, c'est que la situation ne leur en laisse pas le choix. Sur les plus hautes marches du pouvoir, tous les faits et gestes du responsable politique sont scrutés, décortiqués, commentés. Un conseiller qui traînerait dans ses pattes avec pour seule étiquette « par ici l'oseille », ça se verrait. *Venalis politicus*, dont il est en général très proche depuis des années, lui fait donc endosser la panoplie de membre du cabinet et le voilà transparent. Ou plutôt condamné à la métamorphose permanente : grand commis de l'État douze heures par jour, organisateur des basses œuvres le restant. Amis psychiatres, ne soignez plus vos schizophrènes : ils sont promis à de belles carrières.

Les cibles

Quand les Japonais ont mené leur raid sur Pearl Harbor, ce ne sont pas les avions qui ont ouvert l'assaut, mais des sous-marins. De mini submersibles, plutôt rudimentaires, pouvant évoluer dans des eaux très peu profondes, pour s'approcher au plus près de quelques cibles repérées à l'avance et les couler.

Dans le rôle de l'amiral Yamamoto : le *Venalis politicus*. Les cibles ? Cette fois, c'est le vif du sujet. Les cibles, ce sont bien sûr les individus dont il va falloir solliciter un « service », en espèces ou en nature. D'où le sous-marin, le collaborateur en chef, qui devra manœuvrer le plus habilement possible pour nouer le contact, l'entretenir et le faire fructifier. Et là, toute la ruse du bon vieux Yamamoto ne sera pas de trop. Pas de corruption sans tactique béton.

Puisque nous sommes au Japon, signalons que la première étape de toute entreprise de corruption se doit d'être, impérativement, un recueillement devant le kamidana, l'autel des ancêtres. Que le *Venalis politicus* en herbe y prenne, en premier lieu, le temps nécessaire pour s'imprégner de la qualité essentielle à ce genre d'activités, l'humilité (et son corollaire, la patience). À l'occasion de la dernière crise, par exemple, l'État a ouvert grandes les vannes financières. Le novice en corruption doit se garder de tendre son écuelle vers le flot d'argent en espérant la remplir au passage : c'est la noyade qu'il risque ! Ces circuits-là, hautement périlleux, sont réservés aux plus expérimentés, aux fameux SVP, les *Super venalis politici*. Qu'il sera peut-être un jour. Mais, d'ici là, qu'il dépose plutôt une offrande devant le kamidana, qu'il s'incline respectueusement et qu'il médite les exemples de tous ses glorieux prédécesseurs tombés au champ d'honneur. Juge échaudé flaire le coup fourré. Une étude de l'histoire récente permettra de se mettre en bouche les différents textes votés par le Parlement pour interdire, la main sur le cœur, les pratiques frauduleuses successivement mises en exergue par l'éclosion de scandales ces vingt dernières années. Le financement des activités des hommes politiques, des élections, des partis politiques, est désormais réglementé. Les embrouilles de grand-papa, c'est fini, il paraît ! Oui, mais celles de papa, fiston, p'tit cousin et autres tontons et tatas ?

Toi, l'apprenti *Venalis politicus* qui fais tes dévotions devant le kamidana, ne pleure pas : bien des méthodes d'hier sont encore valides ; il suffit de les aménager quelque peu.

Pour se faire la main, le ministre peut commencer par de petits arrangements avec l'éthique qui sont devenus si communs à toute la société française que l'on se demande s'ils ne devraient pas être définitivement institutionnalisés. Ceux-ci consistent à détourner pour son usage personnel les avantages de sa fonction. Des fleurs envoyées à une amie ou une journaliste ressemblent outrageusement à celles officiellement offertes à une personnalité étrangère en visite à Paris. Un chauffeur peut indifféremment conduire son passager à l'hôtel Matignon ou au théâtre. L'essence utilisée pour aller assister à une cérémonie officielle est la même que celle mise dans le réservoir pour couvrir les quatre cents kilomètres séparant de la circonscription. Un voyage touristique à l'étranger peut facilement prendre l'allure d'un déplacement officiel pour peu que le bénéficiaire sache sur place réserver quelques instants à une rencontre avec une autorité locale ou à une visite quelconque d'usine ou de plantation.

En revanche, la mise à disposition d'un logement de fonction fait souvent débat chez les *Venales politici*. Certains en profitent pour remettre à neuf leur résidence personnelle ou la sous-louer. Mais la plupart rechignent à l'utiliser. C'est la coquetterie des nantis. Beaucoup de ces appartements en effet sont exigus et, surtout, ils manquent totalement de discrétion. À la limite, le ministre pourra donc s'en servir pour se reposer durant la journée et sa femme pour y inviter quelques copines avides de thé et de pâtisseries Hermé.

Toutes ces petites tricheries cependant ne représenteront jamais que des vétilles au regard du pactole que Paris propose. Le *Venalis politicus* dans l'âme ne s'y arrêtera jamais et passera rapidement à l'étape du « ciblage ». La corruption en France, c'est comme la presse « people ». Certains détestent et le crient très fort. Les autres n'avoueront jamais y prendre du plaisir. Il s'agit donc de bien faire sa sélection, en évitant les pièges sournois : combien d'hommes politiques ou de grands industriels ont même bâti leur renommée sur une probité soi-disant exemplaire alors qu'ils laissaient traîner non pas les doigts, mais leurs bras et jambes dans le pot de confiture ? *A contrario*, des cibles potentielles, qui s'étaient laissé approcher sans réticence, se sont subitement révélées d'affreux ayatollahs de la morale, allant jusqu'à porter plainte. Les ingrats !

Dès sa prise de fonction – mieux vaut attendre tout de même la parution au *Journal officiel* –, le *Venalis politicus* prépare un plan de guerre. La procédure est très peu onéreuse pour le contribuable puisqu'elle consiste à bavarder avec « the » collaborateur dans son bureau. Tout oralement, bien entendu. Héritage de la Résistance, les deux comploteurs ne se risqueraient pas à laisser des traces écrites. Il n'y a que les très hauts stratèges de l'espionnage français pour consigner sur des cahiers d'écoliers ou des ordinateurs portables leurs conversations secrètes.

«Alors, on commence par qui ?» demande le *Venalis politicus*.

Comme des enfants qui découvrent leur nouvelle école et recherchent des têtes connues pour se rassurer, priorité est donnée aux amis d'hier. Entendons-nous : «amis» au sens «réceptifs», «bien disposés». Idéalement, ce sont ceux avec lesquels des «affaires» ont déjà été conclues. Ils ont donné avant, on espère qu'ils donneront après. Ce sont des pommiers. Non pas – loin de là – qu'ils soient assimilables à de bonnes pommes, mais parce qu'ils ont la délicatesse de livrer avec régularité leur cargaison de fruits. Évidemment, ils seront les premiers contactés.

Viennent ensuite ceux qui ont été approchés avant la formation du gouvernement. L'augure d'une nomination ministérielle ouvre bien des portes et… des portefeuilles. C'est une chose de connaître le ministre en fin de règne, c'en est une autre de se faire bien voir de celui qui va sûrement le remplacer. Dans un cas, on est un loser, dans l'autre, un entrepreneur prévoyant. En France, il y a peut-être eu la Révolution, mais les politiciens sont désormais courtisés avant même d'être intronisés. «The» collaborateur est donc chargé de rappeler tous ceux qui se sont avancés, peut-être imprudemment, à se dire prêts à « aider », à « collaborer », à « réfléchir ». Privilégier ceux qui ont proclamé « vouloir contribuer à relancer le pays » : toujours accorder une prime aux faux culs.

Ce premier cercle, quasi familial, ne suffit pas. Entre les timorés, les malades, les aigris, le risque serait trop grand de devoir se contenter d'une poignée de fidèles. Or il n'est pas question de passer à côté de toutes les opportunités offertes par la nomination, d'autant qu'il n'existe aucune garantie sur la durée d'exercice de la fonction. Le *Venalis politicus* et son conseiller examinent donc attentivement tous les secteurs professionnels concernés par le champ de responsabilités ministérielles. Et là, ce n'est pas avec un râteau qu'ils ratissent, mais avec une moissonneuse-batteuse. Tel ministre de la Défense sollicitera ainsi les entreprises d'armement, bien sûr, mais aussi les constructeurs de voitures, de pneus, la chimie, les laboratoires d'études. De surcroît, il pourra lorgner sur les entreprises de BTP, intéressées par le capital immobilier de l'armée, les municipalités qui comptent des casernes sur leur territoire. Bref, tout ce qui est susceptible de croiser un uniforme à moins de dix mètres est couché sur la liste.

Dernier groupe de cibles potentielles : les bonus. Pour être sûr de ne pas passer à côté d'occasions, il faut savoir exploiter la moindre piste. Untel connaît tel autre qui s'est montré très généreux en son temps ? Son nom est ajouté. La presse publie aussi régulièrement des classements de chefs d'entreprise : les plus fortunés, les plus sociaux, les plus dynamiques... La belle aubaine ! S'il pouvait apprendre les vers de Racine avec la facilité dont il fait preuve pour retenir ces listes, le *Venalis politicus* ferait un tabac sur les planches ! Lui et son collaborateur prévoient de joindre ces nouvelles cibles en temps voulu, chacune son tour, et avec beaucoup de méthode : ceux qui partent dans toutes les directions sont certains de ne jamais arriver nulle part.

Petite mise en garde finale : la recherche de cibles peut s'avérer coûteuse en temps et en argent. Le prix de l'initiation, probablement. Pour accélérer le processus, un brin de psychologie est conseillé. Dès la nomination du *Venalis politicus* vont s'accumuler au ministère des centaines de demandes de rendez-vous. Une vraie foire : parlementaires, élus de la circonscription, associations, groupements d'intérêt, chefs d'entreprise, particuliers. Dans le lot, figurent forcément quelques cibles en herbe qu'il faut apprendre à flairer. Remarquer donc ceux qui insistent auprès du secrétariat pour s'entretenir avec le ministre en personne, sans passer par le cabinet. Leur argumentaire est toujours solidement préparé, ils savent donner l'impression que de leur rencontre avec l'homme politique dépend presque leur survie. En général, ils assistent aussi aux réceptions auxquelles leur habileté leur a permis de se faire régulièrement inviter.

Bienheureux, l'apprenti corrompu qui verra venir à lui le maximum de cibles sans sortir de son hôtel particulier et sans engager aucun frais !

La parade

Maintenant que les cibles sont identifiées, comment les atteindre ? Plusieurs flèches sont à disposition dans le carquois ministériel. Elles peuvent paraître basiques, mais elles ne sont, finalement, qu'à la hauteur de l'âme humaine.

Commençons par un avertissement solennel : les intermédiaires sont à fuir autant que possible. Ces professionnels de la corruption respirent l'indiscrétion. À les entendre, ils connaissent tout le monde : cela en fait beaucoup trop ! Ils n'appellent les responsables influents que par leur prénom et, ça tombe bien, ils les ont tous vus la veille du jour où vous les rencontrez. Au mieux, ce sont des mythomanes peu dangereux, au pire, des pirates de la corruption qui sautent de cible en cible, d'homme politique en homme politique, sans même avoir hissé le drapeau noir. La tentation est grande de vouloir bénéficier de leurs prétendus carnet d'adresses et savoir-faire. Mais le désenchantement guette. Soit l'intermédiaire ne brassera que du vent, soit il coûtera fort cher. Car il faut le savoir : ce genre d'individu mange, boit, voyage bien plus que la moyenne et dans les conditions les meilleures, cela va de soi. Le tout aux frais de son employeur. Et quand il parvient enfin à établir un marché, il prélève généralement 30 % du montant de la transaction. À cela, il faut ajouter le risque d'indiscrétions, propre à toute utilisation de « go-between ». À noter toutefois, une particularité tout à fait étonnante de cette espèce : peu nombreux, ils sont pour la plupart connus, reconnus, parfaitement localisés, néanmoins ils continuent à écumer le marché sans jamais être inquiétés, ou alors en étant depuis si longtemps inquiétés qu'ils en sont déjà à leur deuxième enterrement (ou promotion) de juge d'instruction… Faut-il en déduire qu'ils sont totalement incompétents ou au contraire très efficaces ? Le *Venalis politicus* en tout cas évitera de laisser ce genre de questions en suspens. Rien ne vaut le plaisir, et la quiétude inhérente, de mitonner sa petite corruption artisanale à soi.

Plusieurs voies s'offrent pour alpaguer une cible. D'abord, le *Venalis politicus* a tout intérêt à bien la travailler par une correspondance peu abondante, mais toujours de bon aloi. La presse rapporte un fait notable de la vie de la cible ? Un petit mot de félicitations ou de compassion sera du meilleur effet. Et il le sera encore plus si les médias ne se sont pas encore emparés de l'événement : rien de tel pour prouver à la cible l'attention continue et intime qui est portée à ses faits et gestes.

En fait d'attention, il s'agit de flicage. Les collaborateurs du ministre sont chargés de noter tout ce qui touche de près ou de loin à la vie de la cible. Il n'y a pas meilleurs limiers. Tous chercheront à se valoriser en dénichant en avant-première une information utile : promotion, succès économique, politique ou financier – même les naissances et les décès affectant des proches sont à exploiter.

La lettre de félicitations, tapée à la machine, doit obligatoirement être conclue par une formule manuscrite bien pesée : un classique « et encore une fois toutes mes cordiales félicitations et ma très fidèle amitié », un énigmatique « je n'ai pas oublié notre dernière conversation » ou encore un impérial « j'ai retenu vos suggestions et vos conseils et je m'en inspirerai dans l'action gouvernementale dont j'ai la responsabilité ». Le « nec plus ultra » reste tout de même la lettre intégralement manuscrite, et de la main du ministre : les cibles sont souvent des maîtres ès authentification d'autographes.

Une fois la cible suffisamment travaillée, le *Venalis politicus* peut passer à l'étape du repas. De Gaulle lui-même n'a-t-il pas qualifié la France de « pays aux trois cent soixante-cinq fromages » ? Le pauvre Général, lui qui payait ses factures d'électricité à l'Élysée et tira un trait sur sa retraite de militaire, ne pensait évidemment pas aux trois cent soixante-cinq pactoles que notre cher pays offre à la convoitise de ses dirigeants.

Le *Venalis politicus*, lui, y pense très fort.

Un repas, donc, est un parfait prétexte pour nouer le contact. La chère est si bonne en France ! Autant en profiter et en faire profiter ceux dont on veut s'attirer les grâces. Une habitude bien de chez nous, qui ferait fuir la plupart de nos voisins européens, effrayés par la longueur de nos repas d'affaires.

Justement, rendez-vous doit-il être fixé à 13 heures ou à 21 heures ? En général, mieux vaut commencer par un déjeuner. Le jour rassure les deux parties. Pour la même raison, le nombre de convives se doit d'être très limité. Un tête-à-tête entre le ministre et la cible, ou, au maximum, un deux-têtes-à-deux-têtes, chaque partie amenant un proche, comme deux équipes de catch prêtes à monter sur le ring – on ne sait jamais, si l'affaire tourne mal, l'existence de témoins pourrait s'avérer utile.

Grave question : faut-il inviter ou être invité ? Les deux solutions ont leurs charmes, que « the » collaborateur doit savoir manier à bon escient. Tout l'art consiste à introduire pernicieusement dans le cerveau de la cible l'idée qu'inviter un ministre est un honneur rare. Bien souvent, ce n'est pas très difficile : la séduction du pouvoir, le rêve d'un avenir doré et tout le toutim... Pour les premières rencontres tout au moins, le *Venalis politicus* est alors garanti d'une excellente table, car la cible (ou sa secrétaire) est à coup sûr un astromiquelinologue : un féru des étoiles Michelin, dont il peut narrer la valse sans se tromper sur près d'un demi-siècle.

Inviter la cible a ses codes. Dédaignant toute intendance, le ministre charge « the » collaborateur de fixer le rendez-vous adéquat. Un président de holding ne s'invite pas au Bistro Romain, ni sa secrétaire préférée au Crillon. Le repas de prise de contact a son « ordre juste » lui aussi. Mais il ne s'agit pas de taper tout de suite dans les trois étoiles ; cela sentirait trop le cirage. Le mieux consiste à retenir une adresse peu connue encore, mais promise au plus bel avenir de l'avis des critiques parisiens (dont il importe de relever scrupuleusement les commentaires afin d'éviter la panne sèche). «The » collaborateur décroche alors son plus beau téléphone pour annoncer à l'heureux élu le déjeuner prestigieux qui l'attend : un ministre et un capitaine d'industrie, pour un jeune chef, ça compte. Dans tous les sens du terme, car, évidemment, « the » collaborateur espère bien que la démarche permettra d'obtenir des rabais...

Le *Venalis politicus*, lui, ne fait que peu de cas de ces

questions matérielles. Il ne paie jamais, indiquant seulement au restaurateur d'envoyer la note au ministère (à l'attention du chef de cabinet). Son portefeuille transite au-dessus de la table d'un restaurant aussi peu souvent que la comète de Halley au voisinage de la Terre. Cela relèverait presque de la psychanalyse. Comment une personne si passionnée par l'argent peut-elle lui exprimer un tel mépris juste au moment où la digestion démarre ? Blague à part, ce refus obstiné de sortir les billets découle tout simplement d'une certaine morale : un *Venalis politicus* qui se respecte ne paie pas pour être corrompu.

Il n'est que deux cas de figure où le ministre condescend à payer. Le premier, celui où il se trouve en compagnie d'un très très grand patron ou d'un personnage de particulière influence. Régler l'addition équivaut alors à une séance d'initiation : je paie, je suis des vôtres. Le plus souvent, le ministre utilise alors un chèque, en prenant soin naturellement de se faire ensuite rembourser par le chef de cabinet. Autrefois, dans des temps très anciens, il pouvait aussi payer en espèces, toujours à l'aide de grosses coupures – et pour cause, puisqu'il les avait piochées dans les fonds secrets et que ceux-ci étaient distribués, par le Premier ministre, en billets de 500 francs. Mais cette pratique n'a évidemment plus cours depuis que saint Lionel Jospin a officiellement fait disparaître ces financements...

De toute façon, le ministre n'y avait recours qu'avec la plus grande réticence. D'abord parce que sortir une liasse en fin de repas n'est pas des plus élégants ; ensuite, et surtout, parce que, ces billets venus de nulle part, il préférait les garder pour lui !

Il existe un second cas où le ministre régale, même pour une cible de peu d'envergure. Celui où le Premier ministre a eu l'heureuse idée de le nommer à la tête d'un ministère bénéficiant d'un hôtel particulier avec salons. Il n'y a pas à dire, même deux cents ans après Robespierre, les dorures impressionnent toujours. Pour peu que les lieux transpirent l'Histoire, le repas prendra même un petit parfum culturel qui ne fera jamais de mal dans ces discussions ô combien matérielles. À charge bien sûr pour les conseillers de potasser un peu le passé de la bâtisse. Il ne manquerait plus que le ministre discoure sur la passion dévorante de François Ier pour la Pompadour à un agrégé en histoire ! Grâce aux excellentes caves de la République, le repas est souvent très gai au ministère. Est-ce la raison pour laquelle, à la fin, le *Venalis politicus* s'aventure à payer ? Non. Il paie, mais pas de sa poche : merci, le budget du ministère.

Toutes les cibles toutefois ne se prêtent pas d'emblée à un déjeuner. Si leur caractère ou leur discrétion les rendent notoirement difficiles d'accès, mieux vaut dans ce cas jouer l'hypocrisie, c'est-à-dire opter pour un dîner. Il est peu fréquent que le ministre dîne la première fois en tête à tête : Paris est trop petit, et ça jase passé 20 heures. Pour ces raisons, « the » collaborateur a donc pour mission de convier plusieurs personnes, à commencer par l'éventuel conjoint de la cible. Il agrémente ensuite le rendez-vous à sa guise : un dirigeant de banque, un galeriste, un journaliste, le dernier écrivain à la mode… Tout autant d'arguments pour attirer la cible et la mettre en condition. Tout autant de jolis pots de fleur pour décorer la table. Car, il ne faut pas s'y tromper, derrière ses analyses économiques ou ses compliments au scribouillard – qui, tous, lui auront été préparés –, le *Venalis politicus* ne s'intéresse qu'à la cible. Le dîner collectif est certes moins flatteur pour l'ego de celle-ci, mais il est diablement efficace. Il est si rare que le roi et sa cour se déplacent en personne au chevet de l'un de ses sujets ! Bien entendu, les mêmes conditions de paiement s'appliquent que pour un déjeuner. Comme il ne serait guère décent de faire payer à la cible une dizaine de couverts, c'est le ministre qui régale. Enfin, les Français.

Si l'invitation à un dîner s'avère encore trop contrariante, il reste pour le *Venalis politicus* une option, celle de la réception. Où l'on se demande si la République n'est pas complice… Que d'occasions elle offre aux apprentis de la corruption ! Fête nationale, célébrations diverses, remises de décorations, réception annuelle. Tout est bon pour attirer la cible dans l'antre du ministre, qui est prêt à se rappeler l'origine de ses aïeux provençaux, normands, auvergnats et même birmans pour y ajouter les fêtes régionales correspondantes.

La réception ministérielle est sans doute l'une des dernières manifestations du savoir-vivre à la française, grâce au personnel qui, de génération en génération, en dépit des guerres et des alternances, s'en transmet les us et coutumes. La cible en a un avant-goût en découvrant son carton d'invitation. Attention, il n'est pas ici question d'un simple bristol griffonné par le dernier stagiaire en date. Le carton est en quelque sorte le premier ambassadeur du ministre auprès de la cible. Il faut donc en mettre plein la vue. Évidemment, et sans parler du Premier ministre, les ministres de l'Intérieur, des Affaires étrangères, de la Défense partent en la matière avec une longueur d'avance. Hôtel de Beauvau, Quai d'Orsay, Hôtel de Brienne, cela en jette plus que Bercy ou le vingt-cinquième étage de la Tour Montparnasse où fut reléguée un temps la Madone du Poitou. Mais les chanceux qui ont hérité d'un petit hôtel particulier dans le quartier Latin peuvent très bien s'en tirer en faisant mentionner « hôtel du ministre ». L'appellation, dûment imprimée en lettres en relief, sur du carton bien ferme, souvent décoré de quelques boucles d'or, du drapeau national et du sigle de la République, est une garantie de séduction.

«The» collaborateur pourra le vérifier par la suite dans le bureau même de la cible où le carton trônera bien en évidence afin qu'aucun visiteur n'ignore l'invitation ministérielle dont elle a eu l'honneur.

Attirer la cible jusqu'à l'hôtel du ministre n'est pas tout. Il faut lui prendre la main dès la porte franchie. «The» collaborateur s'arrange en général pour qu'elle ait à patienter quelques instants avant la réception. Histoire, comme pour le déjeuner, de lui donner le temps de s'ébahir devant la grandeur de la République. Ainsi a-t-elle aussi le loisir de s'entretenir, même furtivement, avec les autres invités minutieusement sélectionnés à son attention : quelque autre ministre pouvant être amené, lui également, à rendre des services, des délégations étrangères pour d'éventuels marchés hors de France, sans compter bien sûr les amuse-bouches habituels, une pincée d'artistes sélectionnés dans les derniers *Paris Match* ou *Gala*.

Quand vient l'heure de la vraie nourriture, il va de soi que le ministre ne peut se contenter de plateaux-repas. S'il dispose de cuisines, elles tournent à plein régime. Sinon, il convoque les meilleurs traiteurs parisiens. De toute manière, au final, c'est du pareil au même : vive l'État-providence !

À noter que, dans la facture finale, figurera une ligne pour l'impression soignée du menu. Celui-ci restera un autre souvenir agréable pour la cible, qui le posera bien en évidence dans son bureau, au côté du carton d'invitation.

L'expérience de la réception est la plupart du temps si impressionnante que la cible considérera comme une fierté d'y être régulièrement conviée. La voilà bientôt « addict » aux vapeurs du pouvoir et le ministre érigé en dealer de la République. Le shoot suprême s'appelle la « liste du protocole ». Une sorte de billet gratuit pour toutes les petites sauteries du ministre. Le service afférent veille religieusement sur ces listings qui font partie des trésors ministériels. À tel point que certains paieraient pour y voir leur nom inscrit. Eh oui ! Bien insouciants, ils viendraient eux-mêmes placer sur le billot leur tête, que le ministre, magnanime, à défaut de trancher, se contentera de tondre.

Il existe une dernière possibilité pour nouer les premiers liens. Si le déjeuner ou le dîner apparaît trop convenu, la réception parisienne trop guindée, le *Venalis politicus* peut convier la cible à l'accompagner lors d'un voyage à l'étranger. La Rolls Royce de la prise de contact ! Le cadre y est parfait pour établir le meilleur climat de confiance : des hôtels luxueux, des réceptions grandioses, le tout très loin de la France, des familles, des ennuis. Un ministre avisé saura prendre le temps de discuter avec la cible, la présenter avec chaleur et insistance aux dirigeants étrangers, lui réserver des apartés pour bien afficher aux yeux des autres membres de la délégation l'intérêt particulier qu'il lui porte. La ou les cibles, car, tel un missile à tête multiple, le voyage permet au ministre de traiter plusieurs individus à la fois. Bien mené, il fera ainsi gagner des semaines de persuasion et ouvrira donc plus rapidement les coffres. Toutefois, la mission à l'étranger est à double tranchant. La Rolls peut se révéler une épouvantable Lada. Pour peu que le courant ne passe pas, que la cible ne digère pas ses vingt-huit buffets quotidiens ou n'apprécie pas de voir la bedaine du ministre pendouiller sur un slip de bain rayé, il faudra se traîner, tout le restant du voyage, un sinistre énergumène sans aucune utilité. Or le ministre ne déteste jamais autant le gaspillage, de temps et d'argent, que lorsqu'il en est la victime.

Bien entendu, rien n'interdit de combiner toutes ces approches. Un déjeuner le lundi, une réception le mercredi, un dîner le vendredi, un voyage en Amérique la semaine suivante, et il faudrait vraiment que la cible ait été enfantée par un trappiste et une carmélite pour que son cœur ne chavire pas d'un bonheur quasi juvénile !

La combinaison est obligatoire pour une catégorie très précise de cibles, grosso modo les cinq plus riches contributeurs. Avec eux, la corruption renvoie directement à la monarchie : interdiction à « the » conseiller de s'en approcher ; c'est au *Venalis politicus* de les « traiter » en personne. La France, cette si belle République, est tenue par un maillage de réseaux que quelques affaires ont par mégarde mis au jour. Brassant des centaines de millions d'euros, ils orientent à leur guise la politique du pays à coups de cadeaux dont leur immense prodigalité leur permet même de n'attendre aucun retour. Le collaborateur en chef peut, à l'extrême rigueur, jouer un rôle d'ambassadeur, mais la portée de sa mission restera forcément limitée. Avec ces puissances financières, le *Venalis politicus* doit mouiller sa chemise, se faire remarquer, afficher ses disponibilités. Mais attention ! Ici, comme dans une attraction de Disneyland, il faut lire attentivement la pancarte à l'entrée : « Toute démarche est interdite aux détenteurs de portefeuilles non rentables. » Que la secrétaire d'État à la Famille qui croit pouvoir récupérer des miettes aille donc plutôt inaugurer des crèches, elle y perdra moins de temps. En revanche, les Finances, les Affaires étrangères, la Défense, la Justice, l'Équipement, les DOM-TOM et désormais tout ce qui peut toucher au « développement durable » sont invités à déposer leur candidature. Chacun d'eux est susceptible de rendre des services à la hauteur des sommes concernées.

Pour ces cibles-là, le grand jeu est absolument nécessaire. Déjeuners, dîners, cérémonies, voyages, inaugurations, interventions diverses, tout est bon. Si la situation demeure inconsidérément figée, une ou deux cartouches restent à disposition du ministre.

L'une est un classique : la « Wilson ». Symptôme de ce que d'aucuns appellent l'évolution des mœurs, elle fit démissionner en son temps le président de la République, mais aujourd'hui ne soulève plus aucune contestation. En 1888, le député Daniel Wilson fut condamné à deux ans de prison pour avoir participé à un trafic de décorations. Parce qu'il était son beau-père, Jules Grévy avait dû faire ses valises de l'Élysée. Quel Parlement de nos jours se dresserait contre des médailles trop rapidement attribuées ? Il est vrai que, déjà, les sportifs, chanteurs, présentateurs télé et autres intellectuels bien-pensants sont assurés d'avoir leur sucette rouge au firmament de leur carrière. Avec Céline Dion, Michel Drucker et Fabien Barthez, les limites de la décence ont été repoussées aux alentours de Jupiter. Pourquoi donc ne pas en profiter pour récompenser telle cible qui rechigne encore à mettre la main à la poche ? À l'heure de l'Internet, de l'Europe, de la mondialisation, on pourrait croire démodé le vieux ruban de papy Napoléon. Que nenni ! Sur la moquette rouge des palais de la République, non loin d'un buffet Lenôtre, devant un parterre d'invités triés sur le volet, avec ses parents imbibant moult kleenex de leur fierté, face à un membre du gouvernement qui égrène éloge sur éloge, Attila lui-même pourrait sagement attendre de recevoir un premier prix de charité. Après, bien sûr, il remonterait sur son char et recommencerait à décapiter pour son bon plaisir. De même, une fois distingué, le récipiendaire se répandra partout sur cette médaille qu'il ne saurait jamais avoir sollicitée et qu'il se refusera toujours à porter, en public tout au moins. Ce qui importe, c'est de la lui avoir fait décerner – et bien sûr d'avoir récupéré au passage les quelque milliers d'euros que certains sont prêts à débourser pour ce genre d'honneurs.

Avantage des médailles : le ministre est particulièrement bien placé pour les faire attribuer. Normalement, le dossier de demande de distinction est rempli par la préfecture du domicile de la cible. Il contient une fiche signalétique et les motifs de la requête. Mais un ministre bien ordonné ne laissera jamais à une administration étrangère le soin de le rédiger. Les mérites accordés à la cible déterminent en effet le ministère qui lui décernera la médaille. Pourquoi la Défense se démènerait-elle pour récompenser une aimable connaissance qui sera finalement honorée par les Affaires étrangères ? À moins que les mérites de la cible ne cadrent pas avec les secteurs concernés par le ministère. Dans ce cas, le ministre sollicite le collègue adéquat du gouvernement pour lui demander s'il accepterait de faire une place sur son contingent. À charge de revanche, bien sûr.

En général donc, le cabinet du ministre rédige lui-même le mémoire. Invoquer à ce moment-là les mânes de Voltaire et de Balzac n'est pas de trop. Tartiner sur les mérites d'un postulant ne nécessite pas un gros effort, mais le « canaliser » vers le bon ministère n'est pas à la portée du premier fonctionnaire venu. Le *Venalis politicus* ou « the » collaborateur décrochent ensuite leur téléphone pour appuyer eux-mêmes auprès du préfet les candidats qu'ils souhaitent distinguer, et remercier. Le haut fonctionnaire n'en prend que très rarement ombrage. Ses services relisent le mémoire pour la forme et le renvoient ensuite au ministère comme s'ils en étaient les auteurs…

Faut-il préciser qu'un minimum de finesse s'impose tout de même ? Après le ministère, la proposition subit encore deux filtres. D'abord, la chancellerie de la Légion d'honneur, ensuite l'Élysée puisque le président de la République doit signer le décret correspondant. Il est donc vain d'espérer caser le dernier repris de justice en date ou un lobbyiste émérite réputé pour ses avanies. Ou alors il faut changer de gamme : si ce n'est pas la rouge, ce sera la bleue, l'ordre du Mérite, ou les vertes, le Mérite agricole et les Arts et Lettres. Cela ne suffit pas ? Il reste le Mérite maritime, la médaille d'honneur du Travail, celle de la région, du département, de la commune… L'État, dans sa grande sagesse, a pensé à tout le monde. Ainsi a-t-il également créé ou incité à la création de quantité de fondations, associations et autres œuvres caritatives décernant elles-mêmes prix, médailles et même, c'est le bouquet, de l'argent : les contribuables rémunèrent le corrupteur pour qu'il puisse corrompre à son tour l'homme politique ! Pour gagner du temps, le *Venalis politicus* devrait obliger chacun de ses électeurs à agrafer un chèque à son bulletin de vote.

Les cibles déjà décorées ne sont pas à laisser de côté. En premier lieu, certaines d'entre elles peuvent fort bien vouloir faire vivre à d'autres le bonheur qu'elles ont ressenti. Une cible est humaine : elle a des parents, des amis, des collaborateurs. Retenir en particulier que l'attribution de décorations à des étrangers est encore plus facile qu'à des Français : il serait stupide de s'en priver. Seul inconvénient : le *Journal officiel* n'en fera pas mention. Mais un Argentin ou un Chinois s'en trouvera-t-il marri ?

D'autre part, une cible déjà médaillée peut encore être distinguée. Tout chevalier ambitionne de devenir officier, commandeur, grand officier et, même, grand-croix de l'ordre auquel il appartient. Chaque promotion est une occasion à saisir pour le ministre, mais il se gardera bien d'avouer qu'il ne peut véritablement peser de façon décisive que sur les deux premiers échelons : au-delà du grade d'officier, la décision lui échappe presque totalement. Ses moyens se limitent alors à un lobbying plus ou moins intense auprès, essentiellement, de la présidence de la République. L'essentiel est qu'il donne au candidat l'impression de s'agiter en sa faveur. Lui envoyer des copies de ses courriers de recommandation auprès des « autorités supérieures » (et des réponses qui lui sont faites) suffit généralement : quel délice pour la cible de disposer de la preuve écrite qu'elle est un sujet de préoccupation commun au ministre et au chef de l'État ! L'effort est minime : plusieurs modèles de ce genre de lettres courent les cabinets.

Et l'ultime ficelle, après les médailles, pour appâter une cible de très grand poids ?... Allons, réfléchissez. Qu'est-ce qui peut rivaliser avec l'argent, voire le supplanter ? Se pourrait-il que la cible potentielle soit touchée par des gestes d'un temps révolu, et qui n'a, à vrai dire, sans doute jamais existé : l'élégance, la politesse, l'accès à des trésors culturels interdits au grand public ?...

Trêve de plaisanterie ! Une cible sensible à une visite privée de la grotte de Lascaux, il doit n'en exister qu'une parmi les centaines envisageables. L'homme politique qui opte pour cette tactique-là devrait plutôt remplir des grilles de Loto, ça lui rapporterait plus que la corruption.

Le sexe. Voilà ce qui peut éventuellement débloquer un cas difficile. L'industriel, l'homme d'affaires richissime qui a déjà tout, qui a tout vu, tout fait, tout sniffé, est souvent un collectionneur de conquêtes. Combien de hauts responsables ont autant chassé les femmes que les grands fauves ! Le *Venalis politicus* doit donc garder à l'esprit de satisfaire ces désirs féroces, mais souvent juteux du point de vue de la corruption : cible assouvie, cible attendrie.

Pour ce faire, en tout premier lieu, procéder à une enquête de mœurs poussée : le chef d'entreprise très mâle qui ouvrira sa porte à un danseur vedette de l'Opéra prêt à faire le grand écart avec lui parce qu'il a été faussement catalogué de l'autre bord sera définitivement perdu pour la cause.

Une fois les préférences sexuelles solidement établies, tout ce qui passe à portée de main de l'homme politique est une recrue potentielle pour ses basses œuvres : secrétaire, maîtresse, coucherie occasionnelle. Le *Venalis politicus* de la pire espèce serait même prêt à partager sa femme si jamais l'individu d'en face réussissait à lui trouver du charme. Ne sommes-nous pas dans une société moderne, débarrassée de toutes ces vieilleries chrétiennes ? Un petit coup de-ci de-là pour un gros paquet de fric, qu'y a-t-il de mal à cela ? Pour celles qui vivent aux crochets de leur mari, c'est même une excellente occasion d'apporter leur écot à la vie du foyer.

L'ennui de cette méthode est qu'elle est spécifiquement humaine. Or, si l'on peut se fier à peu près à son chéquier, il est très aventureux d'accorder toute sa confiance à l'un de ses semblables. Et si l'épouse découvre qu'elle est plus heureuse avec l'autre ? Et si la cible se reçoit une paire de gifles pour s'être montrée trop gourmande ? Utiliser le sexe, c'est ouvrir potentiellement la porte à des catastrophes répondant aux noms affreux de « passion », « jalousie », « frustration », « dégoût ». Un corrompu ne doit pas se prendre pour Goethe : les grands sentiments sont des venins mortels pour son enrichissement. Donc, n'avoir recours à cette pratique que dans les cas vraiment désespérés – c'est-à-dire très prometteurs. Et se blinder sentimentalement pour ne pas être pris au dépourvu.

Il faut noter cependant que cette pratique est beaucoup plus fréquente dans l'autre sens (rien à voir avec le *Kama-sutra*) : pour s'attirer les grâces d'un ministre, le corrupteur met à sa disposition quelques filles bien roulées. Il s'agit là de corruption que nous qualifierons de « passive » et qui mérite un autre chapitre.

La précision de ce guide nous oblige à envisager le cas où la cible est homosexuelle. Soit l'homme politique l'est aussi et il saura où s'adresser. Soit il ne l'est pas et… il doit profiter de l'occasion pour réaliser un examen poussé de sa conscience : jusqu'où est-il prêt à aller pour ramasser du pognon ? Inviter des homos à sa table pour plaire à la cible fera vite jacasser dans la capitale. Quelle étiquette est la plus insupportable : « corrompu » ou « gay » ? À chacun de se prononcer.

Enfin, il est un dernier cas beaucoup plus complexe que l'homosexualité : lorsque le *Venalis politicus* se targue d'être une femme. L'hypothèse n'est guère à retenir en ce qui concerne les cibles : les femmes sont suffisamment peu nombreuses à occuper des fonctions stratégiques. Mais si ce sont des escarpins qui frétillent sous le bureau du ministre, cette fois deux cas sont à envisager.

Soit leur propriétaire est qualifiée de « quatrième grasse » – et pas pour ses dons artistiques –, et alors il lui est conseillé d'adopter la tactique édictée pour les hommes (elle peut cependant utilement contourner cet obstacle en se faisant lesbienne). Soit elle peut elle-même revendiquer quelques atouts – cas de plus en plus fréquent depuis que l'image l'a emporté sur les compétences –, et son charme est une arme redoutable. Sans même faire baver l'autre avec la promesse de nuits torrides, elle devrait parvenir facilement à mettre dans sa poche tel patron sexagénaire dénigré par

Bobonne depuis que les poils ont envahi ses oreilles. Évidemment, le petit sacrifice supplémentaire est un gage de meilleures rentrées. Mais il est vital alors de bien peser les conséquences de ses actes. Être vampé par la bimbo du gouvernement ou de l'Assemblée peut faire tourner la tête au point de la dévisser totalement. Il faudra être orfèvre en relations conjugales pour se débarrasser en finesse d'un lourdaud d'épris qui pourra tout de même – excusez du peu –, pour faire revenir dans son lit la dulcinée, la faire chanter avec des faits avérés de corruption. Mais n'est-ce pas là, finalement, une juste revanche pour les moches ?

Premières touches

La cible est à table. Elle a commandé le plat le plus cher qu'elle arrose allégrement d'un millésime exceptionnel. Que faut-il lui dire ? Comment et quand l'amener au vrai motif de la rencontre ?

Il y a bien quelques cas où la corruption peut être servie en même temps que le hors-d'œuvre : les « amis » d'avant la nomination, les habitués du système. Avec ces initiés-là, le ministre n'a pas besoin de finasser. Il troque la livrée de l'élu pour le tablier du boutiquier et étale sa marchandise : «Voilà mes besoins, que voulez-vous en échange ? » Souvent, heureusement, il n'a même pas besoin de s'y abaisser : ces cibles ne s'embarrassent pas pour avancer d'elles-mêmes les termes du troc. La rapidité avec laquelle le deal est mis sur la table est d'ailleurs un excellent indice, mais elle constitue aussi un signal d'alerte. Plus grande elle est, plus la cible est habituée à ce type de négociations, donc plus elle sera coriace.

Pour les autres, celles qui débutent, qui doutent ou qui sont timides, mieux vaut longtemps ressasser la morale de La Fontaine : « Patience et longueur de temps… », en n'oubliant pas, surtout, qu'elle est tirée de la fable du lion et… du rat. Alors, pour éviter que la cible ne se transforme en ce vilain rongeur très près de ses sous, il importe de faire montre d'un certain art de la discussion, dite « cosmique » (bien lire « cosmique », même s'il est vrai que le comique y est intimement lié).

La cible ne doit pas sentir le coup venir. Sinon, comme pour les bestiaux à l'abattoir, sa chair se durcit. Elle se braque, se pose des questions de conscience et devient inutilisable. La conversation doit donc démarrer sur les sujets les plus vastes possibles : l'état de la France, les tensions internationales, voire les dernières découvertes astronomiques – d'où le cosmique. La cible participe ou pas, peu importe. Elle écoute, se trouve bien honorée de voir son avis sollicité, sur des affaires importantes, par un ministre de la République française. Puis, habilement, aidé par son collaborateur, celui-ci recentre l'échange, passant du cadre général de la France à ses propres domaines d'intervention, des larges questions nationales à des cas concrets, le tout en essayant d'imbriquer progressivement ses préoccupations dans les intérêts de l'invité. Ce n'est pas toujours évident, mais n'est pas corrupteur qui veut !

Vers le milieu du repas – le timing est aussi à considérer –, le *Venalis politicus* peut en arriver aux deux seuls sujets qui l'intéressent vraiment : lui et son argent. Enfin, pas en des termes si crus, bien sûr. Foin d'euros et de zéros dans la première heure d'une rencontre. Le ministre propose à son invité un pacte de confiance : «Vous avez des problèmes, j'ai les solutions.» La finesse est à apprécier : toujours faire croire à la cible que c'est elle qui est en situation de demander. Elle n'est pas forcée d'y croire, mais c'est une manière de respecter la fonction ministérielle. Attention : ce moment-clé ne doit pas durer plus de deux minutes. Inutile de faire plus long. Soit la cible réagit immédiatement, avec le sourire complice du vieux briscard de l'entourloupe, et autant ne pas s'attarder sur un sujet délicat qui pourrait parvenir à de vilaines oreilles – Paris en est remplie, vieille tradition française. Soit elle rechigne, fait mine de ne pas comprendre, ou, pire – ça existe –, ne comprend pas : le ministre peut alors relancer la question une fois, pas plus. Pas la peine non plus de se ridiculiser ; et puis, les occasions ne manqueront pas. Le ministre feint d'encaisser la fin de non-recevoir avec beaucoup de distance et enchaîne sur d'autres questions sans aucun rapport. Il en va de même de toute façon s'il recueille un avis positif : la cible ne doit pas sentir qu'elle a été invitée pour cette seule question.

Quoi qu'il en soit, généralement, après ce court échange, qu'elle soit de gêne ou d'allégresse, l'ambiance change, comme entre deux êtres dont l'un a déclaré sa flamme à l'autre et ne se croit pas autorisé à en reparler alors qu'il en brûle. Aussi progressivement qu'elle y est venue, la conversation s'éloigne de la question sensible pour reprendre des sujets plus vastes. Une bonne idée, peu coûteuse, est de l'agrémenter de potins sur la vie gouvernementale : tel ministre déteste machin qui couche avec machine qui brigue la place du tel. Qu'importe qu'ils soient vrais ou non, ils sont de toute manière invérifiables. Ce qui compte, c'est que la cible tire quelque fierté d'avoir été mise dans la confidence. Elle pourra se valoriser ensuite auprès de son entourage en colportant les rumeurs. Bien reçue, bien nourrie, bien instruite : la totale pour elle.

Pour le *Venalis politicus*, le bilan ne pourra être fait qu'*a posteriori*, quand, enfin, il pourra chiffrer les services qu'il propose. Cet instant, crucial, intervient le plus souvent lors de la deuxième rencontre. Penser alors à bien varier les plaisirs. Si la cible a déjà été conviée à un déjeuner, lui proposer un dîner ou une réception. Ou la mission à l'étranger si l'on en espère beaucoup.

Qui pour porter la bonne parole ? Le ministre doit

savoir assumer ses désirs. Et puis il est ainsi sûr de proposer le marché exact qu'il guigne. S'il est empêché, il missionnera « the » collaborateur, mais l'effet produit sur la cible ne sera pas le même. Tout croyant préfère parler au Messie qu'à son apôtre. Cependant, si le ministre trimballe avec lui le prestige de la République et, désormais, l'aura de la célébrité médiatique, « the » collaborateur, lui, fait souvent montre de plus de tact et de rouerie. Supporter un homme politique, quotidiennement, pendant des années, requiert une somme extraordinaire de patience, de calme et de sagesse. Le Dalaï-Lama devrait y songer pour mettre à l'épreuve la légendaire sérénité de ses bonzes.

Comment présenter le deal ? Comment un ministre de la République peut-il oser se mettre à nu devant un dirigeant d'entreprise pour réclamer de l'argent ?

Règle numéro un : ne pas dire que c'est pour sa poche. Tout le monde s'en doute, mais ce serait vulgaire. Ou alors, s'il y tient, le *Venalis politicus* un rien audacieux peut tenter de faire jouer la corde sensible : « Mes combats politiques ont été féroces, j'ai mis du temps à percer, j'ai dû beaucoup m'impliquer et donc contracter des dettes… »

La politique, de fait, règle numéro deux, est le paravent idéal. L'homme s'efface derrière l'élu, le dirigeant de parti, pour tout mettre sur le dos de son activité publique. Les excuses abondent alors: «J'ai une circonscription difficile et les financements publics officiels ne me permettent pas de faire face aux problèmes qu'elle me pose. En conséquence, je suis obligé d'y avoir une implantation plus lourde que prévue… » Ou encore: «La bataille des élections a été acharnée, j'ai dû dépenser beaucoup plus que les financements publics accordés.» Un ministre imaginatif, bien secondé par «the» collaborateur, saura décliner le thème à loisir. Non sans d'ailleurs regretter le temps béni où il n'existait aucun financement public de la vie politique. Il suffisait alors de se baisser pour ramasser un prétexte.

À noter, enfin, un autre mensonge, le plus osé de tous – ce monument d'hypocrisie nécessite plus que des talents de comédien: d'être le descendant direct de Molière. «Les moyens de mon ministère ne me permettent pas de mener la politique nécessaire à l'intérêt du pays… » La cible qui y croit mérite la médaille d'or du dévouement national. Ou de la crétinerie.

Justement, comment réagit l'interlocuteur usuellement? C'est là que se juge la qualité du travail préliminaire. Qu'il ait été brusqué, mal accueilli, insuffisamment nourri, et il peut briser en une seconde des semaines d'approche. Sa réponse ne se borne jamais à un redoutable «non», mais la moue, suivie d'un long silence, suffit à faire passer ses réticences. Dans cette hypothèse, couper aussitôt le contact. Ne serait-ce que par honneur : un ministre ne peut frayer avec celui auquel il a exposé ses déboires financiers.

Ces cas-là, toutefois, sont rares. Une cible bien sélectionnée ne se défile pas à l'instant fatidique. Elle peut accuser un rictus d'embarras ou d'étonnement, mais la plupart du temps elle prononce sans se forcer un « oui… bien sûr » qui scelle l'accord. Faut-il préciser que rien n'est écrit ? Apparemment, au vu de récentes affaires, oui.

Hélas, le pacte n'est scellé que pour une seule contribution. Si le *Venalis politicus* souhaite à nouveau solliciter la cible, il lui faut réemployer la même tactique et le résultat est loin d'être acquis. La sensibilité d'une cible qui a déjà servi augmente et il faut déployer de nouveaux arguments pour la convaincre. Un bon corrupteur se juge à sa capacité à recourir plusieurs fois aux mêmes donateurs. Tout dépend alors du service rendu la première fois et de son suivi, du climat de confiance établi, mais aussi de la cote du ministre et de la réussite du gouvernement auquel il appartient. Le plumage d'un *Venalis politicus* accumulant les mauvais sondages ou les déboires politiques s'avilit très rapidement. Il aura beau parader, la cible qu'il aura nourrie, distraite, aidée n'aura plus d'yeux que pour ses successeurs potentiels ou ses petits camarades médiatiquement plus fortunés. Un conseil donc : dans la corruption comme en amour, ne jamais croire aux coups de foudre, leurs lendemains sont désastreux.

Le chiffrage

François Ier et Charles Quint au Drap d'or. Grant et Lee à Appomattox. De Gaulle et Adenauer à Colombey-les-Deux-Églises. L'Histoire adore faire se rencontrer les grands hommes après les avoir opposés dans des luttes acharnées.

Mais halte aux parallèles. La rencontre qui se prépare tient beaucoup plus de celle du fermier et du volatile qu'il s'en va plumer dans son poulailler.

Quelques repas et cérémonies ont bien assoupli le cuir de la bête : la cible est prête à payer. Un chiffre lancé au débotté suffit alors à lui faire comprendre le montant réclamé par le ministre. Pour certains services, le « tarif » est quasi officiel : aux alentours de 1 % de la somme totale (en fonction du service rendu). Généralement, comme dans le milieu, il n'est nul besoin d'associer au chiffre le mot « euros ». « 5 000 », « 20 000 », « 100 000 » : tout le monde se doute qu'il ne s'agit pas d'oignons de tulipes. Quoique certains *Venales politici* aiment à se donner un genre en parlant de « kilos » au lieu de « milliers ». C'est entièrement à leurs risques et périls. Que la cible n'ait pas transité par l'ESSEC ou Centrale et, n'osant pas demander des éclaircissements, elle pourra fort bien livrer un semi-remorque de beurre ou de confiture chez le prétentieux !

Même sans avoir recours à cette petite pédanterie, le deal toutefois peut s'avérer compliqué. Il est en effet certaines cibles qui, pour dire les choses clairement, sont bouchées. Ou qui veulent le paraître. Le ministre ou son homme de confiance jette un montant : elle ne relève pas. Ils réitèrent : le besogneux invoque une salle trop bruyante ou des problèmes d'audition ! Dans ces cas-là, nulle fierté qui tienne. Prétextant un aparté de la plus haute importance, le *Venalis politicus* doit absolument coincer l'impudent et faire entrer la somme dans son cervelet rebelle. La lui faire répéter, habilement, sans avoir l'air de le prendre pour un demeuré, est un gage de sécurité pour les semaines à venir. De toute façon, en la matière, l'avenir appartient aux plus persévérants. Très rares sont les cibles qui se refuseront à un ministre, surtout si sa cote est en pleine ascension. Il aurait l'air beau, le chef d'entreprise qui, un jour, a osé refuser 10 000 malheureux euros à l'un des plus hauts personnages de l'État !

Vient donc ensuite naturellement le moment M. M pour « magot ». M pour « magouille ». Mais M aussi pour « méfiance ». Sinon M le Millionnaire deviendra M le Maudit. La remise de la somme suit des codes précis, surtout lors des premières fois. Car l'appât du gain n'est pas une légende. Pour quelques liasses, le *Venalis politicus* sorti major de l'ENA peut se transformer en premier footballeur venu, capable d'empocher les billets en pleine rue et d'aller les enterrer dans le jardin de sa tante. L'émotion est souvent aussi forte pour les novices que lors de leur premier rendez-vous avec la belle si longtemps coursée ou de leur première élection.

Dans ce moment paroxysmique de la corruption, il faut savoir dominer toutes ses pulsions et se comporter tel un eunuque face à Sharon Stone. Pas question de se faire remarquer de la plus quelconque des manières. C'est de nos jours la règle « number one ». Loin, si loin est le temps béni où un bienfaiteur pouvait régaler le *Venalis politicus* chez Françoise, le restaurant favori des députés place des Invalides, et lui sortir le pactole au dessert.

Une fois encore, la Résistance doit servir de modèle pour chaque paramètre de la remise. D'abord, le choix du récoltant. En principe, le ministre ne déléguera cette tâche-là à personne, surtout avec les plus gros poissons. C'est une faveur qu'il leur fait, la cerise dorée sur le gâteau que les donateurs ont eux-mêmes confectionné. La cible en tire une fierté qui lui fait oublier bien de ses états d'âme. Si Monseigneur lui-même s'abaisse pour ramasser l'oseille, pourquoi se tourmenter de la cultiver ?

Pour ce qui est des cibles moins généreuses, « the » collaborateur est tout désigné. D'une habileté sans égale, il fera facilement oublier le grand absent et rassurera la cible. Inutile de préciser – donc précisons-le – qu'un membre du cabinet à peine relâché de l'ENA est aussi peu désigné pour ces missions que pour tenir une baraque à frites à la Fête à Neuneu. Soit la peur le rendrait dangereux, soit il en profiterait pour se constituer un peu plus tard son propre réseau : un renard n'invite pas un autre renard à venir se servir dans le poulailler.

Triste conséquence de ce monde de plus en plus austère, le récoltant ne doit pas avoir honte de céder à la paranoïa. Le plus simple est qu'il se considère en permanence suivi. Avec l'omniprésence actuelle des médias, l'effort d'imagination est maigre. Il suffit d'avoir été l'invité de la moindre émission passé 19 heures pour que des dizaines de télémaniaques agitent leur portable sur votre passage. La chance n'est pas nulle que l'un d'eux saisisse l'instant de la remise de la somme avec le sourire béat de l'innocent aux mains vides. Pour le lieu, évidemment, le ministère est à proscrire. Privilégier donc la discrétion : un immeuble de bureaux, une gargote confidentielle, l'appartement d'un ami. Révéler l'adresse au dernier moment n'est pas une précaution superflue. Pour la tenue, à éviter : les postiches, les impers style Clouzot, mais aussi les noms de code qui sont souvent oubliés dès le lendemain, à moins que ne soit utilisé un téléphone portable, trop facilement écoutable (mais il ne s'agit pas non plus de tomber dans les rendez-vous sibyllins genre « L'anguille attend le merlan à la criée de Saint-Michel » ; le but reste tout de même de se rencontrer).

Dernier point, et non des moindres. Cette coquine de République semble avoir pensé à tout en faisant accompagner le ministre, vingt-quatre heures sur vingt-quatre, par un policier. Fouché n'aurait pas fait mieux. Officiellement, le cerbère est là pour protéger la personnalité, ce qui le condamne la plupart du temps à des journées écrasantes d'ennui, à discuter sport avec le chauffeur du ministre ou les collègues du poste de garde de la gendarmerie. Certains hommes politiques aiment tant les faire souffrir qu'ils en réclament tout un car au pied de leur résidence. Mais le revers est immense : le gorille abruti par le désœuvrement n'en reste pas moins un officier de police à qui on ne la fait guère : le ministre qui repart d'un rendez-vous avec une enveloppe sous le bras, ça passe une fois, deux si le sommeil a été le plus fort, mais à la troisième il a droit à son rapport.

Il faut le reconnaître : c'est un coup magnifique de l'État que d'avoir réussi, sous de nobles prétextes, à coller un Columbo aux basques de tous les Al Capone potentiels sans que ceux-ci y trouvent rien à redire, et même souvent en sollicitent la faveur tant la présence permanente d'un garde du corps à leurs côtés est bonne pour leur prestige ! Penser en conséquence, en route vers le lieu de remise, à la manière de disparaître de la vue du cerbère. Pas de quoi s'affoler cependant : nul inspecteur n'osera suivre son protégé dans un bureau dont la porte lui est aimablement fermée au nez. Si jamais il le fait, c'est qu'il n'est pas policier, mais membre du cabinet. Le *Venalis politicus* ne doit pas non plus basculer dans l'hystérie : ne pas savater la première grand-mère croisée dans le couloir sous prétexte qu'elle a un faux air d'Eva Joly. De la perspicacité avant tout !

Un immeuble choisi au dernier moment, pas de témoin. Il ne reste qu'à couper les portables : il ne manquerait plus que d'y révéler la raison du rendez-vous. Inimaginable pour de vieux briscards, la scène peut se produire avec un apprenti *Venalis politicus* exclusivement nourri jusqu'alors au bon grain de la moralité. « Allô, t'es où ? – Oh, avec Machin qui doit me filer du fric. » Toujours se méfier des réflexes.

À présent, la cible est disposée à donner, le ministre à recevoir. Deux tourtereaux prêts à s'embrasser pour la première fois ne seraient pas plus gauches. Chacun de son côté aura beau avoir pratiqué plus que de raison, le transit monétaire est peut-être le plus gênant de tous. Vieux relent de morale judéo-chrétienne.

Si la corruption ne lui a pas encore ôté toute élégance, la cible a délicatement caché la somme dans un tiroir ou la poche de son veston. Car la plupart du temps celle-ci tient dans une enveloppe. Eh oui, autant détruire tout de suite le mythe de la valise : qui dit valise dit flopée de billets, et le ministre dès lors n'aurait pas besoin de se prêter deux fois à pareille démarche ! Les donateurs les plus classieux glissent leur obole dans une serviette en cuir, mais le contenu pourrait tout aussi bien tenir dans la bonne vieille enveloppe marron kraft, la couleur de la corruption. À peine est-elle exhibée que les cœurs palpitent. Ça y est, alléluia, la cible tend la somme. Toutes les tactiques ici sont bonnes pour la récupérer. La simplicité : le silence, avec un très mince sourire faisant automatiquement fermer les paupières, qui scelle définitivement l'accord. L'hypocrisie : « Ah oui, j'avais oublié… » L'humour : « Vous voulez que je vous poste ce courrier ? » Si le *Venalis politicus* souhaite ne jamais revoir la cible – mauvaise gueule, trop longue à lâcher le fric –, un « C'est à quel sujet ? » devrait faire l'affaire.

Le plus important est de ne ressentir rigoureusement aucun scrupule. Ou alors mieux vaut s'inscrire dare-dare au séminaire. Les scrupules, c'est bon pour les idéologues ou les aigris (qui sont souvent les mêmes). Le ministre doit accepter l'argent comme un dû, un hommage à son intelligence et son opportunisme. L'avidité n'étant pas la qualité la plus reconnue, il ne faut pas non plus se précipiter sur l'enveloppe. Le « must » consisterait plutôt à paraître un rien gêné pour ne pas passer pour un professionnel de la corruption. C'est une chose de payer un ministre, c'en est une autre d'être rançonné par Don Corleone.

D'ailleurs, pour rester dans le cinéma, il faut savoir que certaines cibles se vantent de filmer la remise des billets. Autant de bassesse est évidemment indigne. Et, à vrai dire, il n'y a guère de parade absolue. Le *Venalis politicus* devra bien entendu fuir les salles garnies de miroirs, potentiellement sans tain, mais, vu la miniaturisation des caméras, il est impossible de tout prévoir. Alors, plutôt que de virer paranoïaque, ce qui gâcherait le plaisir, comme disent tous les candidats de la téléréalité, mieux vaut « vivre pleinement l'instant présent ».

Le recyclage

Sur l'échelle du bonheur d'un *Venalis politicus*, qui compte, disons, dix graduations, une question à l'Assemblée stagne à un, la réussite d'une réforme savamment concoctée par le cabinet à cinq, une émission de grande écoute à huit, l'ouverture de l'enveloppe à douze mille. Même le plus expérimenté du gouvernement, fils et petit-fils de notables de la République, habitué de tous les coups bas, retrouve à cette occasion la joie du marmot défaisant la ficelle de ses cadeaux de Noël.

Revenu dans l'intimité de son bureau ou, mieux, de son appartement privé, d'abord il tâte le paquet – les plus experts sont capables d'en déduire le contenu à 500 euros près. Ensuite il extirpe la liasse d'un seul coup pour jauger la couleur moyenne. Bleue, ça ne dépassera pas les 2000 euros. Orange, les 10000 sont atteignables. Jaune, ça sent les 50000. Violet, pour peu que le petit matelas soit consistant, le ministre en lâcherait presque un cri de jouissance.

En apparence, la cérémonie est dépourvue d'intérêt. Les deux parties se sont entendues sur le montant bien auparavant. La confiance régnant, le ministre devrait considérer celui-ci comme acquis dès que la remise a eu lieu. La confiance ? Encore un truc pour Français d'en bas. Le *Venalis politicus* peut régulièrement dîner avec la cible, passer un week-end dans sa maison de Bretagne, jouer au tennis avec elle une fois par semaine, faire embaucher sa fille à la mairie, il n'oubliera jamais de recompter soigneusement les biftons, et même plutôt deux fois qu'une, en en faisant des tas différents pour éviter de reproduire les mêmes erreurs de calcul.

De très rares surprises peuvent se produire, dans les deux sens. La plus désagréable est qu'il en manque. La cible est-elle atteinte d'un Alzheimer ponctuel ? Teste-t-elle son partenaire de corruption ?... Le fait peut relever d'une tactique, car la somme en jeu est généralement faible et le ministre ne peut s'abaisser à la réclamer. À moins qu'il ne soit prêt à passer pour un grippe-sou dans tout Paris – certains s'en sont fort bien accoutumés. Le mieux est de ravaler son mécontentement et d'éviter de solliciter à nouveau la même personne. Si la différence est élevée en revanche, ne pas hésiter à la signaler : pas d'argent, pas de corruption, c'est tout de même un minimum.

De manière tout aussi exceptionnelle, la surprise est parfois inverse : le montant dans l'enveloppe est supérieur à ce qui était prévu. Médaille d'or de la lèche ou du sado-masochisme pour la cible en question, qui aura voulu se distinguer de tous ses semblables. Évidemment, ne pas rendre le surplus : ce serait une faute de savoir-vivre. En plus, le contributeur revient inexorablement à la normale dès le deuxième versement. Autant donc ne pas bouder son plaisir.

Mais faut-il savoir le partager ? Du temps des fonds secrets – qui n'existent plus : promis, craché, adjugé, vendu (à qui ?) –, qu'il était distrayant de voir ces bons ministres déclarer la main sur le cœur que cette manne directement tombée du coffre-fort du Premier ministre servait à arrondir les fins de mois difficiles de leurs collaborateurs ! Ils omettaient de préciser qu'ils se chargeaient souvent eux-mêmes de la redistribution et qu'ils étaient loin de s'oublier au passage : une moitié pour eux, l'autre pour le cabinet. Équitable, non ? Certains même gardaient tout pour eux : certainement par inattention…

Avec l'argent de la corruption, c'est pire encore. Oubliés, père, mère et fonctionnaires. Après tout, ils ne sont pas censés être au courant ! Et puis le *Venalis politicus* aime à préserver leur probité : pourquoi les mouiller dans ces viles combines ? Seul son conseiller le plus proche peut espérer quelques miettes en fonction du degré de complicité – de toute façon, il a le loisir de se servir dans l'enveloppe lorsqu'il va lui-même recueillir les fonds. Il est inutile de rechercher d'autres bénéficiaires potentiels. Dans les années quatre-vingt-dix, l'excuse la plus répandue par les médias fut le financement calamiteux des partis. Peut-être quelques chevaliers au cœur pur se sont-ils dévoués et ont-ils collecté au profit de la bonne cause tandis que d'autres utilisaient effectivement une partie de ces fonds pour rémunérer quelque conseiller sous-payé. Mais la plupart se préoccupaient autant du parti que de défendre leurs prétendues convictions « chevillées au corps » : le parti aurait pu disparaître qu'ils auraient probablement tout juste consenti à acheter une couronne mortuaire chez Leclerc.

Reste le problème du recyclage des fonds perçus. Tel l'alpiniste qui croirait avoir traversé tout l'Himalaya parce qu'il a vaincu l'Everest, le *Venalis politicus* doit franchir encore bien des obstacles pour pleinement profiter de sa moisson. C'est tout le problème avec le liquide : comment l'écouler ?

Avant toute utilisation, petit conseil de sagesse : s'assurer en toute priorité que le délai entre la remise de l'argent et le service effectif soit réduit. Le temps s'est accéléré pour les cibles aussi, qui exigent d'avoir rapidement un retour sur « investissement ». Sinon, elles se tariront plus facilement qu'une flaque d'eau de pluie dans le désert.

La sérénité ainsi acquise ne sera pas de trop pour la suite des opérations. Face à son tas de billets, le *Venalis politicus* est comme un pré-diabétique dans une pâtisserie : interdit de toucher à tout en même temps. Que l'impatient qui a l'intention de s'acheter la voiture de ses rêves avec cette manne providentielle s'installe au volant et prenne directement la direction du quartier VIP de la Santé !

Personne ne dénonce cette injustice. Personne pour atténuer le drame de ces hommes politiques assis sur 20 000 ou 30 000 euros en coupures de 500 et totalement impuissants à les utiliser…

Un préliminaire indispensable est l'installation d'un coffre-fort. Cacher des billets dans les livres, les pots ou les barils de lessive, c'est bon pour de petites sommes. Mais gare à l'attaque cardiaque lorsque l'épouse bazardera le vase de sa belle-mère qu'elle ne supporte plus sans savoir qu'il contient 25 000 euros. Aussi vrai que les produits frais doivent être stockés au frigo, le meilleur endroit pour conserver des billets est un coffre-fort. Et puis, un peu de folklore ne fera de mal à personne. L'objet étant stratégique, il importe de bien réfléchir à son installation. Que celui qui opte pour son domicile privé se contente plutôt de prendre un abonnement pour le théâtre de boulevard. Ramener l'argent à la maison est la garantie d'angoisses, voire de crises de ménage. « Et qu'est-ce que tu caches ? Et d'où il vient ce pognon ? Et puisque tu me trompes je balancerai tout aux flics... » À quoi bon tout compromettre pour une simple question de paresse ou d'orgueil ? Le *Venalis politicus* avisé doit être très ordonné : l'argent légal rejoint le foyer familial, l'argent noir reste à l'extérieur, au bureau. Pas au ministère, pour sûr : un gros cube gris sur une commode Boulle serait du plus mauvais effet. L'homme politique doit disposer d'autres locaux : le siège de son parti, sa permanence, son « club de réflexion » (lire : sa banque). Celui qui n'en a pas ? Eh bien, il commence par en louer. De toute façon, s'il veut entrer dans le jeu de la corruption, des bureaux personnels sont indispensables. S'arranger ensuite avec l'installateur pour choisir l'endroit le plus discret possible : la plupart des hommes politiques influents ayant leurs locaux dans le centre historique de Paris, il y a toujours une cheminée qui semble préposée à cet emploi. Pour un maximum de sécurité, l'opération doit se dérouler en dehors des heures ouvrables, le week-end de préférence. Le ministre a l'obligation de recevoir en main propre le code (éviter de copier celui de l'immeuble) et la manière d'en changer.

Que faire ensuite du contenu ? À vrai dire, il n'y a pas de solution miracle. Les coupures doivent être utilisées pour les petites dépenses quotidiennes ou des achats occasionnels d'un montant raisonnable. Ne jamais oublier de calibrer ladite dépense avec la coupure adéquate. Payer le boucher, c'est bien, mais pas avec des billets de 500 euros tout frais. Éviter aussi absolument ces gestes d'une rare insouciance consistant par exemple, comme en avait coutume tel ministre qui avait largement bâti sa notoriété sur une probité exemplaire, à sortir d'un tiroir un billet de 100 euros pour que la secrétaire aille acheter *Le Monde* en lui lançant un princier : « Et gardez la monnaie ! » De même, si jamais, enivré par son subit enrichissement, le *Venalis politicus* se prend d'envie de payer l'addition au restaurant, qu'il fasse très attention à la manière : Paris est trop petit pour les corrompus. L'invité, les voisins de table, le restaurateur ne manqueront pas de s'en rappeler et de répéter à l'envi qu'untel règle avec d'énormes billets neufs.

Pour le ministre qui ne veut pas trop longtemps souffrir du supplice du catholique converti de force au protestantisme, la confiture continue à se faire dans les vieux pots. En clair : les banques suisses et luxembourgeoises ont toujours au frais une bouteille de champagne pour accueillir le nouveau client. Manque d'originalité ? Peut-être, mais diablement efficace et jamais égalé. La morale devant bien intervenir à un moment, il y a bien sûr un « mais ». Il est totalement inenvisageable pour le *Venalis politicus* d'aller lui-même faire un tour à Zurich ou dans le grand-duché. Le dieu de la corruption est un coquin : pour toucher beaucoup, il faut avoir les plus larges responsabilités possible, donc être connu, donc – la faute aux médias – être forcément reconnu. Et ça la fout mal, un ministre aperçu en milieu de semaine en train de se promener chez les Helvètes. Inutile de compter sur l'excuse du chocolat : depuis de nombreuses années, on trouve les mêmes marques à Paris. Par conséquent, le corrompu n'a qu'une seule solution : s'en remettre à une tierce personne. Sa compagne, officielle ou illégitime, n'est surtout pas à envisager. En cas de séparation – aussi fréquente en politique que les renversements de majorité – elle disposerait d'un levier de chantage formidable qui coûterait encore plus cher que les sommes dissimulées. Non, le ministre n'a qu'une corde à son arc, toujours la même : Super Collaborateur. Lui confier sa vie ne serait pas plus douloureux. À lui l'adresse de la banque, le nom fictif sous lequel le pactole sera enregistré, les numéros de comptes… Le risque est quasi nul qu'il y pioche mais si, par malheur, cela se gâte pour le *Venalis politicus*, voilà un individu qui disposera de quoi monter la potence, accrocher la corde et le pendre. S'assurer par exemple qu'il ouvre lui aussi un compte est une contre-mesure pas inutile. Ou alors, prendre soin de ne jamais conserver le moindre document permettant de relier sa personne à une banque hors de France : le dépôt sera perdu, mais restera au moins la liberté.

Notons enfin une solution pour les froussards et les paresseux : la mise à disposition des fonds, par les cibles, directement à l'étranger. Eh oui ! l'informatique est elle aussi complice : en quelques clics, les sommes glissent de compte en compte sans laisser la moindre chance à un pauvre juge de s'y retrouver un jour. La corruption y perd beaucoup de son charme, mais le plaisir, lui, au final, sera le même.

« Le cash n'est pas tout »

Telle est la phrase favorite d'un prince saoudien recensant au lever ses deux femmes, quatre palais, huit yachts, seize pur-sang, trente-deux toiles de maître, soixante-quatre télévisions, cent vingt-huit montres, deux cent cinquante-six paires de chaussures… Que l'homme politique allergique au papier-monnaie ou au chocolat se rassure, il existe pour lui bien d'autres moyens d'être corrompu.

Passons rapidement sur la fausse facture. Un classique, presque une figure imposée pour tout débutant. La corruption toutefois n'échappe pas à l'air du temps : la fausse facture, outrageusement utilisée naguère, n'est plus à la mode. Trop d'affaires médiatisées ont éveillé des scrupules, tant chez les corrompus que chez les corrupteurs. Les moins imaginatifs peuvent encore y recourir, mais avec la plus extrême précaution.

Pour les autres, revenons tout d'abord sur le plaisir le plus intrinsèque au grand singe que le *Venalis politicus* demeure. Le sexe et le pouvoir sont certainement le plus vieux couple de la planète. Même le député austère qui s'est cru un temps destiné aux ordres réalise bien vite, une fois assis sous les lambris, que ses pulsions les plus endormies explosent littéralement. Les malheureux qui sont prêts à acheter à prix d'or le pilou-pilou magique qui leur redonnera du tonus n'y connaissent rien. L'aphrodisiaque le plus puissant, ce sont les « monsieur le ministre » qui sont servis une bonne centaine de fois par jour à l'arriviste patenté qui en rêvait depuis son enfance. Les ministères sont des cimetières à probité où des centaines de secrétaires et conseillères ont complaisamment bradé leur vertu. On y rit sous cape de tel homme politique décernant à la télé les premiers prix de chasteté alors que, de retour dans son ministère, seuls les gendarmes n'ont pas eu droit à ses avances. Ce genre de réputation est très vite connu du petit milieu des affaires. C'est même du pain béni. Il est si facile à Paris de satisfaire un cavaleur ! Les mannequins sont denrée commune et leur jeunesse peut les conduire à accepter quelques coucheries dans l'espoir de percer plus facilement. La cible, au fond, finit par accomplir un acte de dévouement en exauçant à la fois les désirs de l'homme politique et ceux de la jeune femme…

Mettons donc le sexe au placard. Il reste des dizaines de possibilités pour façonner une corruption dans les règles de l'art.

Comment, de prime abord, ne pas évoquer avec nostalgie le temps heureux des années quatre-vingt-dix où les entreprises pouvaient verser, en toute légalité, jusqu'à 500 000 francs aux partis politiques ! Le législateur avait institué qu'il suffisait à ces derniers de les déclarer chaque année à la Commission nationale des comptes de campagne et des financements politiques. Le *Journal officiel* s'en remplissait de listes impressionnantes qui, pour les organisations les plus importantes, dépassaient dix pages ! En 1993, le parti républicain aligna ainsi deux cent trente-trois noms, le parti socialiste cinq cent sept, le RPR huit cent soixante-trois. Ah, qu'elles étaient nobles et généreuses ces entreprises qui ne pensaient qu'au bien-être de la démocratie ! Soucieuses de ne laisser mourir aucune mouvance politique, elles distribuaient largement à gauche et à droite. La preuve : elles ne rechignaient pas à arroser, même très à gauche, mais quasiment jamais très à droite. Si ce n'est pas une illustration de leur grande conscience politique ! Et peut-être, un peu, de leur volonté de miser sur les bons chevaux, non ? Quant aux inventeurs de cette disposition, ni statue ni avenue dans Paris, pas même un square pour rappeler leur dévouement au service des entreprises. Or, sans eux, comment celles-ci auraient-elles assouvi leur soif de philanthropie ? Décidément, la France ne sait pas honorer à leur juste mesure ceux de ses enfants qui la chérissent le plus.

Hélas, hélas, hélas… (une page de « hélas » ne serait pas de trop). Sans aucun égard pour le patrimoine législatif de la France, les barbares ont aboli cette disposition qui a renvoyé tout le petit monde de la corruption à l'âge de pierre. De la pierre même. La cible cherche, en effet, tout ce qui peut améliorer le confort du *Venalis politicus*, à commencer par le logement. Par chance, les Français ne sont pas très doués pour le calcul. Ils s'étonneraient sinon plus souvent de la capacité de certains fonctionnaires, même dits « hauts », assujettis donc à une grille de salaires connue de tous, à être propriétaires de leur résidence principale, même secondaire, et ce bien avant l'âge de la retraite. Reconnaissons-le, ces cas-là sont très rares, non pas tant à cause de la gêne des *Venales politici* que de l'extrême danger de cette pratique. On ne se débarrasse pas d'un appartement comme d'un bagage encombrant. Dans la tourmente, le titre de propriété et les justificatifs des finances employées pour l'achat seront les deux premières pièces exigées par le juge lambda. Si, donc, le duplex sur l'esplanade des Invalides est vraiment irrésistible pour le corrompu, la cible doit mettre sur pied un montage suffisamment complexe pour rendre folle la Brigade financière.

Dans le cas où l'immobilier fait peur, sus au mobilier ! L'écran plat dernier modèle, un salon Roche-Bobois, des tableaux, des bonzaïs : tout est bon à offrir et à prendre, non sans quelques précautions, comme toujours. Le corrupteur qui voudra faire plaisir au ministre en lui faisant livrer le frigo américain dont rêve sa famille devra par exemple prendre soin de faire rédiger le contrat de garantie à son nom.

Les grandes occasions pour distribuer du mobilier ont toujours été les élections, particulièrement les législatives. Dans ce domaine, ce n'est pas sans mélancolie que l'on se souvient des temps heureux, et pas si lointains, où les urnes sentaient bon les cadeaux en tout genre. La loi autorisait à faire figurer dans les comptes de campagne les contributions les plus diverses des entreprises (matériel de bureau, documentation), qui, naturellement, les élections passées, restaient la propriété du ministre. Ce bureau ? Ah oui, c'était pour les européennes ! Les fauteuils : les municipales. L'informatique : les régionales. Un *Venalis politicus* bien organisé savait profiter des bonnes élections pour refaire ses locaux.

Maintenant que le balai à probité est passé, seuls sont admis des dons de personnes physiques pour un montant maximum de 4600 euros… Une misère. De quoi décourager les derniers artisans de la corruption, qui vont laisser la place aux bulldozers du CAC 40. Tout un savoir-faire qui disparaît… Que peut-on bien faire avec 4600 euros de nos jours ? L'équivalent de même pas une traite de loyer dans le centre de Paris.

Un pourboire. Un *Venalis politicus* avisé néanmoins ne méprise aucune source de financement. Il doit être un fleuve récupérant sur son passage la moindre goutte d'eau. Ne pas s'arrêter sur la somme. Un contributeur à 4600 euros est avant tout un investisseur précautionneux qui cherche à garder le contact. Son geste est comme une piqûre de rappel de l'estime, voire de l'amitié, qu'il porte au candidat. Relever son nom et penser à le revoir. Et puis, on ne sait jamais, il convaincra peut-être cinq de ses amis de faire de même, lesquels à leur tour prêcheront la bonne parole autour d'eux. La table de 4600 est enseignée dans tous les bons cours de corruption.

Un procédé particulièrement efficace permet de prendre en charge autrement certaines de ces dépenses de mobilier, mais aussi de bureau, de secrétariat, de déplacement : la revue. Rien à voir avec les Folies-Bergère, quoiqu'il soit ici également beaucoup question de comédie. Nul parti politique ne saurait se dispenser d'éditer sa propre publication : l'écrit lui donne un velours intellectuel incontournable. Or qui dit presse dit publicité. Dans la société du tout-média, les cibles ne se font guère prier en général pour accepter de payer des encarts vantant le mérite de leurs activités. Or qui pourra faire la distinction entre une secrétaire œuvrant pour la revue et une secrétaire au service du ministre ? Qui pour faire le tri entre les trombones destinés à la revue et ceux pour le ministre ? Une revue est donc un bon moyen d'écouler certaines dépenses du *Venalis politicus*, qui verra son budget personnel allégé d'autant.

L'aubaine est à saisir au vol, mais avec doigté. Il ne suffit pas d'aligner quelques fadaises sur la météo ou les richesses du patrimoine français. Dans « publication », il y a malheureusement « public » : une feuille de chou attirera à son auteur non seulement les sarcasmes du milieu politique, mais aussi la suspicion. Il faut donc élaborer une vraie ligne éditoriale, avec de vrais articles, un vrai tirage et une vraie diffusion.

Pour le contenu, le « must » est de débaucher quelques plumes parisiennes qui seront un label de qualité et de sérieux. Contrairement aux apparences, la tâche n'est pas trop ardue. Il se trouve toujours des sympathisants qui osent afficher publiquement leur couleur politique, à défaut de leur appartenance. La plupart du temps, ils sont déjà connus, ont traîné leurs stylos dans nombre de rédactions et l'outing politique ne représente plus aucun danger pour leur carrière. Les autres entendent profiter de l'occasion pour simplement gagner leur croûte. De peur d'être « marqués » à vie, beaucoup signent sous pseudonyme.

Avec les frais d'impression, la facture totale d'une revue grimpe rapidement. C'est pourquoi une intense réflexion est nécessaire au préalable afin que, au bilan, le procédé ne coûte pas plus qu'il ne rapporte, ce qui apparenterait ce mode de corruption à du cannibalisme.

Puisque nous sommes dans le papier, profitons-en pour citer une autre pratique qui contribue à l'exception culturelle française. Tout homme politique qui se croit promis au plus bel avenir se doit de publier un livre (ce qui ne signifie évidemment pas qu'il l'ait écrit). Opter si possible pour des biographies de grands hommes ou des réflexions sur la marche du monde. Spontanément, ébahies par tant de science et soucieuses de la propager, les cibles se précipiteront pour en acheter quelques centaines d'exemplaires qu'elles distribueront par la suite comme cadeau de fin d'année. Plus sérieusement, elles peuvent par ce biais, et tout à fait légalement, gonfler artificiellement les droits d'auteur du ministre, mais aussi son ego : un succès de librairie vaut très largement une élection réputée difficile.

Qui dit mobilier dit aussi mobile. Comme l'esprit du Grenelle de l'environnement est pour longtemps condamné à hanter les soupentes des ministères, une voiture est certainement l'un des cadeaux les plus appréciés dans les hautes sphères. Il y en a pour tous les goûts : le 4 × 4 pour les frimeurs militants tendance j'en-ai-rien-à-cirer-de-votre-écologie ; la grosse allemande pour ceux qui jurent dans la presse, la main sur le cœur, se déplacer en vélo à Paris mais recrachent deux tonnes de CO_2 de retour dans leur circonscription ; la petite citadine pour les astucieux et les timides ; et même, allez, l'électrique pour les écolos flemmards. Bref, un vrai attrape-corruption.

Le propriétaire devra toutefois effectuer un tour de passe-passe pour faire discrètement modifier le nom sur la carte grise. Que l'homme politique ne disposant pas de cibles portées sur la magie se rassure : il n'a qu'à aller sonner chez les constructeurs eux-mêmes. Nombre de garages et de concessions de la région parisienne ont quelques véhicules réservés à cet usage. Ils seront ravis de prêter l'un de leurs bolides à un ministre sans, bien entendu, rien en attendre en retour…

Le monde politique étant l'un des derniers sanctuaires du machisme en France, les lecteurs comprendront que nous sautions allégrement de la voiture à la femme. Tous les candidats à la corruption ne sont tout de même pas prêts à prêter leur épouse. Il y a aussi ceux qui la « vendent ». En tout bien tout honneur. Il n'est pas rare que les instances dirigeantes de grandes entreprises, publiques et privées, comptent dans leur rang la femme d'un membre du gouvernement. Soyons large : des maris sont également concernés, mais aussi des enfants peu gâtés par la nature, des frères, des sœurs, des copains. C'est incroyable ce que les corrupteurs peuvent être soucieux du bien-être de la famille ou de l'entourage d'un ministre ! Leur seul contact avec ces nouveaux employés sera la feuille de salaire. Aucune contrepartie n'est exigée ; l'emploi fictif dans toute sa splendeur.

Pour les entreprises publiques, l'autorité d'un ministre et, tout de même, un peu de diplomatie suffisent généralement à attribuer au moins une mission au proche. Peut-on parler de corruption puisque, *a priori*, il n'y a aucun subside à attendre de l'État ? Il s'agirait plutôt de petits arrangements entre amis : le directeur d'administration concerné bénéficiera par la suite d'une promotion exceptionnelle, d'une médaille, d'une circonscription facilement gagnable s'il veut se lancer dans la politique. Plus la pilule est difficile à avaler pour lui, meilleur sera le cadeau. Ainsi, au vu d'une récente attribution de présidence de groupe, certains dans les Hauts-de-Seine pourraient honnêtement revendiquer un siège à la droite du Saint-Père.

Pour les entreprises privées, la chose est encore plus facile à tout point de vue. Un coup de fil au président, si besoin un déjeuner pour les cas les plus ardus (souvent, c'est connu, les grands hommes n'ont pas une progéniture à leur niveau), et le marché tacite est conclu. Le chef d'entreprise n'attend pas de retombées immédiates mais, à telle occasion, pour un marché difficile à obtenir, des chicaneries du fisc, il saura rappeler au *Venalis politicus* qui il a le plaisir de croiser chaque matin dans ses couloirs.

Au lendemain du grand soir, comme diraient LO et LCR, il ne faudra pas pour autant tondre toutes les femmes de ministre en poste dans de grandes entreprises (pour les maris, la tonsure évitera souvent la tonte). Parce qu'elles sont issues des mêmes grandes écoles que leur conjoint, beaucoup d'entre elles (et d'entre eux) ont gravi tout à fait naturellement les échelons. Mais l'un n'empêche jamais l'autre ! Quel meilleur ambassadeur pour un ministre dans une entreprise que sa moitié ? Qui, dans un gouvernement, pourra défendre les intérêts d'une boîte mieux que le mari ou la femme de l'un de ses dirigeants ? Bien s'imprégner à ce sujet de ces cas, uniques en Occident, de compagnes de ministre présentant des journaux télévisés ou des émissions politiques. À les entendre, la « déontologie » serait plus forte que leurs sentiments... Ah, qu'il est vertueux ce pays où la femme du président de la République sort un disque qui est sponsorisé par une radio publique, bien entendu dans la plus parfaite « déontologie »...

Et si l'homme politique préfère la compagnie de ses livres à celle d'une femme ? La France, terre d'égalité, ne saurait tolérer qu'un célibataire ne jouisse pas des mêmes chances que celui qui s'est marié (ou pacsé).

Ou quand le cheval de Troie s'éclipse devant Conan le Barbare… Mieux encore que placer un proche dans une entreprise : le *Venalis politicus* en question s'y installe lui-même avec armes et bagages. Le législateur a autorisé les parlementaires à continuer durant leur mandat d'exercer certaines professions comme la médecine. La peur du désœuvrement, sans doute : entre deux votes, rien de tel qu'une opération du cœur pour décompresser. La palme de l'activité la plus rémunératrice revient incontestablement aux avocats, et plus particulièrement aux avocats d'affaires. Oui, vous avez bien lu. Avocat d'affaires. Que le parlementaire corrompu puisse se présenter de la sorte dans le privé ne manque vraiment pas de sel. Pourquoi pas non plus vecteur de fraudes ? Ou artiste en magouilles ? Là encore, le système est aux petits oignons pour nos si chers élus. Le barreau en effet est facilement accessible aux diplômés des grandes écoles. Y renoncer équivaudrait donc à cracher sur le dogme du mérite républicain ! Quelle honte !

Une fois « encabineté », l'élu n'a plus qu'à se laisser aller. Les honoraires sont libres, leur justification si aléatoire… C'est l'assurance de rentrées confortables au moindre effort.

Un conseil cependant : ce rendement maximal nécessite obligatoirement une parfaite complicité avec les « clients ». L'individu qui est étranger au système, s'il veut bien payer cher la renommée de l'homme politique en robe, attend naïvement des résultats – il faut lui pardonner, il ne sait pas ce qu'il fait. Que rien ne vienne, et, toute honte bue, il sera capable de saisir la justice ! Quelques subsides à un stagiaire du cabinet ne sont donc pas superflus afin de pouvoir tout de même arguer de quelques vagues interventions.

Et si l'homme politique n'est ni avocat ni médecin ? Parce que ses parents n'ont pas pu lui payer d'études ou parce qu'il n'était pas doué, doit-il laisser passer le train de la corruption ? Égalité, quand tu nous tiens… Pour lui aussi il existe une possibilité d'intégrer de « bonnes » entreprises, mais avec un petit délai. Il s'agit de l'assurance-vie professionnelle : la cible promet au *Venalis politicus* de le recruter au terme de son mandat. Deux mises en garde s'imposent ici. La première : ne pas se précipiter, l'écharpe à peine abandonnée, dans ses nouveaux locaux. Ça se remarque, un député ou un ministre qui devient directeur de la société des eaux du patelin dont il était l'élu. Ensuite, cette pratique requiert une confiance absolue du *Venalis politicus* dans la cible. Elle ne peut donc être envisagée qu'après des années de collaboration et, si possible, quelques épreuves qui auront eu valeur de test du lien entre les deux personnes. Mais l'enjeu final en vaut largement la chandelle : fort de son expérience, le *Venalis politicus* sera le candidat idéal pour corrompre ses anciens condisciples !

Une suggestion enfin à l'attention de ceux qui voudraient tellement y goûter, mais qui soit manquent d'entregent (les novices en politique, ceux qui ne seront jamais ministres...), soit ont trop peur de se brûler. Les impuissants et les trouillards, quoi. Il existe pour eux une possibilité très pratique de « corruption collective ». La solution idéale pour diluer sa responsabilité, au moins vis-à-vis de sa conscience. Elle consiste à se regrouper avec d'autres parlementaires autour de la première cause venue. L'exercice n'est pas difficile, il y a certainement autant de groupes à l'Assemblée que de députés : Amitiés franco-machin, Comités de soutien à l'activité bidule, Amicales X-Y, Missions d'information lambda, Groupes de défense, Commissions de réflexion ou d'étude, Clubs d'amateurs de cigares mexicains, chocolat andin, chaussettes à pois et fourrure de fennec... Tous ces regroupements, plus ou moins officiels, sont ardemment courtisés par les lobbies correspondant à leurs activités. Et la cour est loin de se limiter à de grandes déclarations d'amour au pied des fenêtres du Palais-Bourbon... Quoi qu'ils affirment, les lobbies sont très généreux, c'est une seconde nature pour eux : le « poids des mots », la « force des arguments », c'est bon pour le bac philo. Voilà donc le groupe d'élus bénéficiant de largesses, de même que, par ricochet, le parlementaire frileux qui n'aurait jamais rien reçu s'il était resté seul. Rien de plus jouissif que les blocs de foie gras et caisses de champagne offerts par les producteurs pour « sensibiliser à leurs difficultés », les buffets princiers donnés par les fédérations professionnelles à la Maison de l'Amérique latine, les invitations à des avant-premières privées ou aux grand-messes sportives, les voyages gratuits – ah ! ces week-ends tous frais payés à Deauville avec nuit au palace et jetons gratuits pour les casinos : probablement pour plancher sur l'appât du gain ? –, les abonnements à tels clubs de sport huppés de la capitale, et bien sûr, bien sûr, les euros, tout ça tombant dans l'escarcelle sans même avoir à se mouiller ! Car le lobby n'a pour seul interlocuteur que le groupe, ensemble impersonnel, où il lui est compliqué de faire le tri entre les contributions réelles de chacun des membres. Une seule opération nécessite l'attention de tous, mais elle est d'importance : le vote. Les lobbies vérifient souvent le nom de ceux qui ont voté en faveur de la mesure ayant suscité leurs démarches. L'excuse de l'absence dans l'hémicycle le jour J fonctionne rarement plus d'une fois…

Cinecittà

Dans l'armée, il y a les généraux qui ont gagné leurs étoiles au front et il y a ceux qui les ont cueillies dans les salons cosy des états-majors parisiens.

C'est pareil chez les *Venales politici*. Il y a ceux qui utilisent leurs mandats pour entasser un petit pécule et qui l'écoulent, la retraite enfin venue, dans la torpeur d'une maison de campagne dont presque chaque mur pourrait être baptisé du nom d'une cible. Et puis il y a ceux qui subissent l'épreuve ultime, celle qui permettra de distinguer le prince de la corruption dans la masse des magouilleurs gentillets. Ou quand la justice crée l'injustice. Car tous les corrompus n'ont pas l'honneur de faire l'objet d'une enquête judiciaire. À vrai dire, la plupart d'entre eux traverseront la vie politique du pays sans jamais être inquiétés, parce qu'ils auront été habiles ou simplement moins gourmands. Mais il ne faut surtout pas que le nouveau venu dans la corruption en déduise qu'il ne risque pas grand-chose. L'imprévu ne doit pas avoir de place chez lui. Il faut au contraire qu'il ait profondément enfoncé dans l'hémisphère gauche de son cerveau – on compte toujours mieux à gauche – que l'interro surprise chez le juge peut tomber du jour au lendemain. Il faut donc être prêt, à tout moment, même quinze ans après les faits, à répondre à n'importe quelle interrogation. D'où quelques conseils de bon sens.

Tout d'abord, s'assurer de ne jamais conserver la moindre trace écrite des différents petits arrangements. Les nostalgiques et les collectionneurs doivent se faire souffrance : le bout de nappe griffonné ne doit pas franchir le seuil de la brasserie. On ne sait jamais, ces sacripants de juges sont capables de procéder à une interpellation en pleine rue. Faut-il préciser que cette précaution s'applique aussi à l'informatique ? Étant donné les prodiges dont sont capables les petits génies du clavier, mieux vaut réserver l'ordinateur pour les DVD ou les jeux. Toujours garder en mémoire ce maître de l'espionnage français qui croyait avoir détruit ses fichiers parce qu'il les avait mis à la poubelle de son portable ! Ne jamais rien taper interdit efficacement ce genre de surprises.

Même discrétion au téléphone, cela va de soi. Raccrocher immédiatement au nez du premier abruti qui citerait des chiffres – après avoir vérifié tout de même qu'il ne s'agissait pas de son banquier. Quant à ceux qui se croient les plus malins, qu'ils domptent donc leur inventivité. Aligner au micro les mots codés ne fait que renforcer la suspicion des magistrats. Et, à défaut d'avoir potassé l'histoire des systèmes de chiffrage depuis la Seconde Guerre, tout finira par être identifié. Alors, ne serait-ce que pour éviter l'humiliation de se voir demander, au tout petit matin, du côté du 122 de la rue du Château-des-Rentiers, siège à Paris de la sous-direction des affaires économiques et financières de la Police judiciaire : « Qui est cette gallinette qui tapine à Longchamp ? », tenir éloigné autant que possible le combiné de sa bouche.

La justice toutefois est trop imprévisible pour que le *Venalis politicus* laisse reposer tout l'édifice de la corruption sur la seule béquille du secret. Il suffit d'un juge un peu plus perspicace que la moyenne pour commencer une longue série de mauvaises nuits. L'insomnie peut être jugulée avec de la prévention et un remède assez efficace.

La prévention, c'est de ne surtout jamais manquer une occasion de se proclamer haut et fort un adversaire acharné de la corruption. Les plus retors n'hésiteront pas à intégrer les comités ou commissions qui voient fréquemment le jour après l'éclosion d'un énième scandale. Eh oui, la probité, cela s'achète aussi.

Le remède à l'insomnie, c'est la connaissance d'un bon avocat. « Bon » est un euphémisme : un as du barreau doit absolument figurer dans le carnet d'adresses du *Venalis politicus*. Une oreille attentive saura relever les noms qui s'échangent dans le Tout-petit-Paris. Ces derniers n'ont évidemment rien à voir avec les grandes gueules qui squattent les procès à scandale : ils sont plus effacés, mais aussi bigrement plus efficaces. La corruption pouvant être tous azimuts, il importe que leurs compétences les rendent aptes à traiter tout cas compliqué et *a priori* perdu d'avance aux yeux de leurs collègues. La connaissance du droit cependant ne doit pas être leur seul atout. Dans la société de l'écran, il est indispensable qu'ils aient l'art de la mise en scène : une excellente élocution, pour sûr, les effets de manche attendus des grands tribuns, mais encore une science de l'utilisation des médias. En poussant à l'extrême : un juge aura bien des difficultés à faire condamner un homme présenté des mois durant par son avocat comme un père de famille exemplaire, si dévoué pour son pays, sans bien ni fortune, admirateur de Mère Teresa et ancien compagnon de route de Gandhi. Un virtuose de la défense sait distiller ces informations en les malaxant avec des erreurs de procédure, des failles dans l'enquête et la dénonciation classique de l'acharnement de la justice contre son client. La recherche de l'avocat doit donc prendre au *Venalis politicus* le temps nécessaire, tout comme l'élaboration d'un bon « feeling » : on ne part pas au feu même aux côtés de la bête de guerre la plus féroce sans avoir au minimum pris le thé avec elle…

Quelles que soient les précautions prises, le jour peut venir où l'homme politique devra affronter les questions dérangeantes d'un compatriote souvent fort communément habillé et qui doit partager ses neuf mètres carrés de bureau avec une greffière et vingt tonnes de dossiers. Le point culminant de deux carrières.

Dès que le nœud de la justice commence à se resserrer, les plus éprouvés ne doivent pas hésiter à accélérer le processus en réclamant eux-mêmes à être entendus pour plaider leur bonne foi. Quoi que les plus médisants en disent, ceux-là y gagneront un bon point, au moins aux yeux de l'opinion publique. Le match peut alors commencer. D'un côté, le juge, impavide, mais qui trépigne en son for intérieur d'épingler une célébrité. De l'autre, le *Venalis politicus* décidé à livrer sa partition finale. Molière et Feydeau n'auraient pu rêver meilleure scène pour l'une de leurs comédies. L'épreuve arrive souvent tardivement dans une carrière, mais c'est à cet instant-là que les vrais, les grands corrompus peuvent vraiment se distinguer. La ligne de défense est certes simplissime : tout nier en bloc. Mais il y a la manière. Le *Venalis politicus* est fait pour le théâtre. Il serait capable de ne pas reconnaître ses parents si ceux-ci se trouvaient impliqués dans ses combines. « Mais non, monsieur le juge, je vous garantis que je ne sais pas qui ils sont : j'ai été abandonné à ma naissance et élevé par des religieuses dans une mission guatémaltèque ! » La plupart du temps dépourvu de preuves matérielles, le juge se cassera les dents à essayer de lui faire admettre sa compromission avec tel intermédiaire. Le *Venalis politicus* ne sait rien, ne se souvient de rien, ne connaît personne, n'est jamais allé nulle part. À se demander comment il a pu être élu, puis nommé ministre, et s'il a jamais pu remplir ses fonctions. À l'extérieur de la Brigade financière, seul ou par le biais de son avocat, il doit profiter de tous les micros passant à proximité, et au besoin les solliciter, pour crier son innocence – attention tout de même de ne pas confondre journalistes et touristes. Un *Venalis politicus* ne doit pas craindre le ridicule. Invoquer les affaires Dreyfus ou Calas ne lui fait pas peur. Ni hurler à la mise en péril de la démocratie parce qu'un juge ose s'attaquer à un élu. Un corrompu mis en examen recourra aussi facilement à la théorie du complot. « On » lui en veut. « On » veut lui nuire. « On » veut le rouler dans la boue parce qu'il gêne, qu'il s'apprête à prendre une décision importante. Eh oui, le *Venalis politicus* doit toujours avoir dans son placard la panoplie du Sauveur. De toute façon, plus c'est gros, plus les médias apprécieront ; la dénonciation d'une erreur judiciaire fait partie de leurs fantasmes. Toutefois, pour bien assurer le coup, il vaut mieux en pleine période de gloire entretenir quelques bonnes relations avec des cadors de la presse qui amorceront la pompe la crise venue. Deux trois tuyaux de temps à autre, des invitations à des repas privés ou des voyages officiels suffisent généralement.

Question subsidiaire : puisque l'homme politique acculé doit au fond jouer la meilleure comédie de sa vie, des cours de théâtre lui sont-ils conseillés ? À vrai dire, la plupart prennent déjà des cours de diction. Des professionnels, souvent très connus, se font grassement payer pour leur apprendre à répondre aux journalistes ou à se comporter sur un plateau télé. Le *Venalis politicus*, l'air de rien, saura bien leur suggérer à l'occasion de simuler un interrogatoire de justice. Et s'il désire pousser sa formation, des sociétés se sont même spécialisées pour le conditionner à cet exercice. Ainsi aura-t-il l'occasion de débattre de questions qui sont, à dire vrai, le seul tabou de son monde. La classe politique a fait aisément sien le libertinage. Parlementaires et ministres s'interpellent joyeusement sur leurs frasques respectives et raffolent des petits potins du qui couche avec qui. Mais, dès que l'argent fait irruption, les bouches se referment, les traits se tirent. Prétentieux et grivois un quart d'heure plus tôt, les hommes politiques se font subitement modestes et indifférents. Nul n'aurait l'idée, ni même la tentation, de se vanter devant ses collègues de sa dernière trouvaille pour s'enrichir. Dans les couloirs de la République, les « bons coups » ne peuvent être que sexuels.

Super venalis politicus

$E = mc^2$, ça vous dit quelque chose ? Vous êtes de ceux qui croient vraiment qu'avec cette formule Einstein a voulu faire le lien entre l'énergie et la masse ? Foutaises ! Prenez plutôt un stylo et notez.

Le « c » désigne bien entendu, vous commencez à le comprendre, la corruption. Attention : la minuscule est choisie à bon escient. Il s'agit de la corruption la plus commune, celle dont ce guide a exposé la plupart des ressorts. « c » peut donc être un pot-de-vin versé pour l'obtention d'un marché public, une décoration, une nomination, faites votre choix.

« E » désigne l'État. Perspicace comme vous l'êtes devenu, vous aurez relevé que la lettre est majuscule. Nous ne considérerons ici que les très gros coups, le « top ten », qui dépassent joyeusement les millions d'euros. Ne sont donc concernés que quelques individus, les plus hauts placés, les seuls ayant la capacité d'offrir l'appui nécessaire pour faciliter le transfert d'une entreprise nationale entre les « bonnes » mains, détourner les services fiscaux et judiciaires de pratiques financières peu orthodoxes, etc.

Et le « m » alors ? « m » pour « millions », direz-vous ? Oui, cela pourrait fonctionner : le « m » serait le coefficient multiplicateur entre les petites et les énormes magouilles.

Mais, en l'occurrence, « m » vaut pour « médias » : la variable clé de l'équation. Car, même en mettant au carré les sommes concernées par la corruption « bas de gamme », jamais le résultat n'atteindra les montants en jeu dans les plus hautes sphères. Et c'est donc là que, heureusement, les Zorro au grand stylo interviennent. Les médias adorent dénoncer les petits trafics, généralement faciles à démêler, qu'ils s'empressent de placarder en une. Ravis d'avoir, enfin, coincé un *Venalis politicus* moins malin que les autres, ils en font des tonnes : «Vous vous rendez compte ! X se faisait payer ses voyages privés par Y ! Mais quel scandale ! Quelle ignominie ! Jaurès, de Gaulle, Lady Di, relevez-vous, ils sont devenus fous ! » Dans ces cas-là, foin du secret d'instruction, de la présomption d'innocence, grands mais vieux principes qu'ils se dévouent pour sacrifier, au nom de tous leurs lecteurs, sur l'autel du sacro-saint devoir d'informer. Le *Venalis politicus* pris dans les filets médiatiques est jeté en pâture à une opinion publique gavée de bons sentiments et de « valeurs républicaines » (qu'elle prendra bien soin de ne jamais s'appliquer à elle-même !).

Il en est quitte pour un mois ou deux de lynchage, lui garantissant une exposition inespérée, et qui, autrefois, était fatale. Une véritable overdose médiatique. De nos jours heureusement, le *Venalis politicus* est aussi un acrobate. Brisé par la presse, condamné par la justice, il parvient à se rétablir avec une souplesse déconcertante et ose même se représenter à des élections. En 1671, Vatel s'est suicidé pour un retard dans la livraison de ses poissons. Aujourd'hui il n'hésiterait pas à empoisonner tout Versailles avec de la morue avariée. Et il y en aurait même pour l'en féliciter, à l'instar de ces électeurs qui ne rechignent pas à confier un nouveau mandat à un homme politique déchu pour corruption. Au royaume des aveugles, les *Venales politici* sont rois.

Les filets médiatiques toutefois ont une caractéristique vraiment stupéfiante. On pourrait penser que, arrêtant les petits poissons, ils permettraient aussi de capturer, ou à tout le moins de freiner, les gros spécimens. Ce serait méconnaître un aspect de la théorie de la relativité. Au-delà d'un certain seuil financier, les médias, et leur cousine la justice, semblent incapables de raisonner, d'analyser, de critiquer. Une enveloppe de 10 000 euros retrouvée au domicile d'un ministre déclenche l'hystérie, mais une décision gouvernementale impliquant des mouvements de centaines de millions d'euros sera passée sous silence, ou, mieux, pourra être encensée. L'ouverture du capital de grands groupes publics est ainsi présentée comme un « bienfait pour la concurrence », avec, à la clé, la promesse d'un avenir meilleur pour les employés et l'amélioration du service pour les usagers : n'en jetez plus ! À ce rythme, Baygon®, au nom de l'impérieux devoir de lutter partout sur la planète contre les cafards, pourra légitimement postuler au rachat des armes atomiques françaises.

Dans le même genre, la prise de contrôle d'une grosse entreprise, avec l'aval, l'appui ou l'aide des ministres concernés, n'est rien de moins qu'une « réorganisation nécessaire du marché ». Elle devient même salutaire et érigée au rang de cause nationale pour peu que des investisseurs étrangers lorgnent sur elle. Alors, si en plus la mesure flatte l'orgueil français, pourquoi s'en priver ? *Super venalis politicus* vole au service de ses compatriotes. À moins qu'il ne les vole tout court… Le quidam qui se contente du 20 Heures et d'un coup d'œil sur les titres de la presse ne sera pas en mesure de se le demander. Car télés, radios et journaux ne parleront plus que de « stratégie industrielle », d'une nouvelle « philosophie du marché », de « batailles économiques »… Peu importe que, dans la liste des acquéreurs, figurent des relations notoires de membres du gouvernement, allant des amis d'enfance à des partenaires de tennis…

Qui vole un œuf vole un bœuf, c'est connu. Mais

qui vole un bœuf peut apparemment voler le troupeau, l'étable, les terres environnantes, voire toute la filière bovine, et il sera décrit comme un grand capitaine d'industrie.

Comment un *Venalis politicus* doit-il réagir à la parution de ce guide ?

Un pompier se précipite-t-il dans la garrigue avant qu'un incendie s'y soit déclaré ? Il s'y ennuierait sec et passerait aux yeux de ses collègues au mieux pour un enragé, au pire pour un dérangé.

Le *Venalis politicus* est un pompier qui s'ignore. Aux aguets, il doit scruter les conséquences de la parution de ce livre. Si c'est un bide, se garder de toute réaction. Jamais entendu parler, jamais lu. Petit guide de quoi ?

En revanche, si la presse s'en mêle, avant même d'avoir lu le guide, le *Venalis politicus* doit monter au créneau et faire partager son indignation à la terre entière (Paris suffira). À cette fin, quelques suggestions de formules bien senties...

Pour les moins inspirés : « Ce livre est loufoque. De la pure invention ! »

Pour les hautains : « Je ne veux même pas parler de ce livre. Ce serait lui faire de la publicité... »

Pour les rieurs : « Un ministre n'a absolument pas

le temps de s'occuper de ce genre de basses œuvres. C'est vraiment méconnaître la chose politique.»

Pour les philosophes: «Oui, c'est vrai, reconnaissons-le, il y a eu quelques dérives dans le passé. Mais les coupables ont été jugés et le milieu est désormais assaini.»

Pour les hardis mais pas trop: «Et puis quoi encore? Pourquoi ne pas verser 45 millions d'euros pour préjudice moral à un entrepreneur condamné pour corruption, fraude fiscale et abus de biens sociaux?»

Pour les agressifs: «Je défie quiconque de venir me prouver que tout ce qui est écrit dans ce torchon existe. Je ne pensais pas que le Seuil tomberait si bas. Et puis, admirez le courage de l'auteur qui se cache derrière un pseudonyme!»

Pour les amoureux de la tragédie grecque: «C'est une grave atteinte à la démocratie. On voudrait faire croire aux Français que toute la classe politique est pourrie qu'on ne s'y prendrait pas autrement.»

Enfin, les plus téméraires, qui savent jouer des médias, n'hésiteront pas à déclarer, un rien déconfits, peut-être avec quelques soupirs: «Il y a des jours où l'on douterait presque des motivations de notre engagement politique.»

Ceux-là seront les plus sincères.

Quant à vous, qui avez soutenu, élu, réélu un *Venalis politicus*, gardez donc espoir. Et méditez ce proverbe d'une telle profondeur qu'il est sans doute chinois : « Ce n'est pas parce qu'il y a un mouton noir dans le troupeau qu'il faut tondre toutes les bêtes. » *Probis politicus* existe, nous l'avons rencontré. Pourquoi n'y parviendriez-vous pas vous aussi ?

Table

Communication céleste 9
Premier repérage 17
L'équipe 23
Les cibles 31
La parade 39
Premières touches 61
Le chiffrage 69
Le recyclage 77
« Le cash n'est pas tout » 87
Cinecittà 103
Super venalis politicus 111
Comment un *Venalis politicus* doit-il réagir à la parution de ce guide ? 117

RÉALISATION : PAO ÉDITIONS DU SEUIL
IMPRESSION : GROUPE CORLET À CONDÉ-SUR-NOIREAU
DÉPÔT LÉGAL : JANVIER 2009. N° 98624 (117397)
IMPRIMÉ EN FRANCE